DORA MELEGARI

CHERCHEURS DE SOURCES

SIXIÈME ÉDITION

PARIS
LIBRAIRIE FISCHBACHER
SOCIÉTÉ ANONYME
33, RUE DE SEINE, 33

Tous droits réservés

Chercheurs de sources

OUVRAGES DE DORA MELEGARI

AMES DORMANTES
6ᵉ édition 1 volume in-12.............. 3 fr. 5o
Ouvrage couronné par l'Académie française

FAISEURS DE PEINES ET FAISEURS DE JOIES
7ᵉ édition. 1 volume in-12.............. 3 fr. 5o

CHERCHEURS DE SOURCES
1 volume in-12.................... 3 fr. 5o

ROMANS

Expiation (sans nom d'auteur).
Marthe de Thiennes (Sous le pseudonyme de Forsan).
Les Incertitudes de Livia.   Id.
Dans la vieille rue.   Id.
La Duchesse Ghislaine   Id.
Kyrie Eleison.   Id.
La petite Mlle Christine (sous le nom de l'auteur).
Les Mères : Caterina Spadaro   Id.

AUTRES OUVRAGES

Journal intime de Benjamin Constant, et lettres à sa famille et à ses amis, avec une Introduction par Dora Melegari.
Lettres intimes de Joseph Mazzini, avec une Introduction par Dora Melegari.
La Jeune Italie et la Jeune Europe. *Lettres inédites de Joseph Mazzini à Louis-Amédée Melegari*, publiées par Dora Melegari. 1 volume in-12.......... 3 fr. 5o

EN ITALIEN

Le tre capitali. — 1ᵉʳ volume : *La città forte*.
Il sonno delle anime. 2ᵉ édition.
La Giovine Italia e la Giovine Europa, dal carteggio inedito di Giuseppe Mazzini a Luigi Amedeo Melegari.
Artefici di pene ed Artefici di gioie, 2ᵉ édition.

EN PRÉPARATION

Amis et Ennemis.

DORA MELEGARI

CHERCHEURS DE SOURCES

SIXIÈME ÉDITION

PARIS
LIBRAIRIE FISCHBACHER
SOCIÉTÉ ANONYME
33, RUE DE SEINE, 33

Tous droits réservés

Published, november 10th 1908. — Privilege of copyright in the United States reserved under the act approved March 3d 1905, by Dora Melegari.

A CEUX

QUI SAVENT VOIR

ET NÉANMOINS ESPÈRENT

PRÉFACE

Après une longue période improductive, nous assistons, depuis quelques années, à une exubérante floraison d'études philosophiques, religieuses et mystiques ; mais ces ouvrages, dont le but devrait être la recherche d'une vie meilleure, plus large et plus joyeuse, s'occupent assez rarement de l'application de leurs théories à la vie vécue. Faut-il en conclure que leurs auteurs se sont complus uniquement à des exercices intellectuels ou que la crainte secrète de déterminer les conséquences de leurs principes et celles même des principes opposés, pousse ces écrivains à garder le silence sur le côté pratique des questions qu'ils développent ?

Faire du spiritualisme théorique et ne pas aborder les problèmes moraux qui en découlent semble illogique : cette réserve dénote-t-elle un manque de courage ou une incertitude de pensée ? Pourquoi tant de réticences et d'hésitations ? Le fait d'établir la nécessité d'une ligne de conduite conforme aux principes qu'on accepte ou qu'on professe, n'implique point que tous auront la constance de la suivre sans interruption ; ne pas prévoir les reculs et les chutes possibles indiquerait un manque de discernement, une conception erronée de la nature humaine et une singulière ignorance des forces secrètes qui la dirigent ou l'égarent. Durant certaines périodes de sa vie, l'homme ne peut être sans cesse armé victorieusement contre les puissances tentatrices qui le sollicitent, en lui et hors de lui. Seuls les héros, les stoïques, les rois d'eux-mêmes et ceux qui ont le privilège de se sentir en contact avec les puissances invisibles, sont capables de persévérer toujours, sans faiblir jamais, dans la recherche de la vie meilleure.

Cela n'est pas, hélas, possible à tous; plusieurs trébuchent et même tombent en route. Mais ceux qui ont eu, ne fût-ce qu'une seule fois, la vision nette de ce que l'homme doit être, se relèvent toujours et se remettent, plus ou moins brisés ou meurtris, à la culture de leur jardin intérieur. Il est, par conséquent, indispensable de connaître et de définir ce qu'un certain ordre de croyances implique, comme ligne de conduite personnelle. Mais, je le répète, les observateurs de la psyché humaine et les chercheurs de vérités profondes évitent volontiers d'appuyer sur ce point. Ils préfèrent rester à la surface intellectuelle des questions et se refusent d'aider au développement de la conscience générale; c'est pourtant la seule chose nécessaire, puisque d'elle procède le sentiment de la responsabilité, sans lequel l'être humain n'est qu'un atome s'agitant éperdument dans le vide.

Lorsqu'arrivé à la maturité de l'âge,

l'homme qui n'a pas cultivé sa vie intérieure, s'aperçoit tout à coup qu'il n'est qu'un automate perfectionné, et essaie de descendre en lui-même à la recherche de sa conscience, il doit parcourir un chemin long, fatigant, obscur, et souvent il n'arrive pas à réveiller l'endormie ou à ressusciter la morte! Au contraire, si, jadis, elle a vécu et parlé en lui, il réussit toujours à la tirer de son sommeil et de son silence.

Habituer l'homme à établir un dialogue constant entre sa raison et sa conscience, lui enseigner, dès l'enfance, à se rendre compte de ce qu'il voit, de ce qu'il sent, de ce qu'il fait, devrait être la principale préoccupation des moralistes et des éducateurs. Ainsi l'humanité serait débarrassée de cette conception superficielle et automatique de l'existence, qui retarde l'évolution de la plupart des êtres.

Rendre l'homme conscient en toute chose, c'est lui donner des lettres de noblesse, c'est élargir son horizon, c'est le consoler du bonheur, s'il ne l'a pas, c'est, s'il le possède, en centupler, pour lui, les jouissances.

Mais l'usine où s'élabore la vie consciente n'est pas la même pour tous. Dans ces mystérieuses profondeurs, les jets et les flammes jaillissent de façon différente et, pour les faire surgir, chaque âme a un ressort qu'il faut savoir toucher. Par conséquent, découvrir les sources est toute la science de l'éducation et de la vie.

Les poètes racontent qu'Armide avait l'oreille si fine qu'elle entendait l'herbe croître. Ceux qui veulent éveiller chez l'homme le désir des satisfactions supérieures devraient faire comme la magicienne antique : appliquer leur oreille à la terre et essayer d'y percevoir le murmure souterrain des sources cachées.

Dora Melegari.

Rome, janvier 1907-avril 1908.

CHERCHEURS DE SOURCES

CHAPITRE PREMIER

CHERCHEURS DE SOURCES

> Tu frapperas le rocher
> et il en sortira de l'eau.
> (*Exode*, xvii-6.)

L'art de la rabdomancie est très ancien, en Orient. Avec leur baguette divinatoire, les rabdomanciens découvraient les trésors et les sources cachées. La verge de Moïse fit jaillir l'eau du rocher, et Circé était sans doute, elle aussi, armée d'une baguette magique, quand elle changea en pourceaux les compagnons d'Ulysse.

Le bâton a été, de tout temps, le symbole des forces mystérieuses. Mercure avait son caducée, Bacchus son thyrse, Aaron sa verge. Chez les Francs, et même chez les premiers Capétiens, les hérauts d'armes portaient devant les chefs une baguette sacrée, marque de leur dignité.

Cependant, l'usage de la branche de coudrier pour la découverte des trésors et des sources ne date guère, en Europe, que du seizième siècle. Longue de deux pieds et légèrement courbée au milieu, elle devait appartenir à la pousse de l'année et avoir été coupée, le premier mercredi de la lune, entre onze heures et minuit, tandis que certains mots spéciaux étaient prononcés. Ensuite, on la bénissait selon la formule magique, et lorsque le rabdomancien arrivait à l'endroit où se trouvait la source, la baguette semblait tourner entre ses mains comme sollicitée par des forces inconnues.

Malebranche attribuait le phénomène à l'œuvre du démon ; le *Dictionnaire des Merveilles de la Nature* essaie de le ramener aux principes de la physique ; les sceptiques supposent qu'au moyen de viroles de métal dissimulées dans le bois, et d'un adroit manège des mains, on parvenait, au moment voulu, à imprimer un mouvement de rotation à la baguette ; plusieurs croient aussi, comme Balzac, que le soi-disant magicien obéissait, dans le voisinage des eaux, à quelque sympathie à lui-même inconnue. Aujourd'hui encore, en France, les rabdomanciens ont une clientèle ; il y en a de célèbres, que l'on fait venir à grands frais pour qu'ils découvrent des sources jaillissantes dans les terres desséchées.

On ignore, du reste, pourquoi cette vertu magique a été attribuée au coudrier. Est-ce parce qu'à son ombre les bergers de Virgile se livraient au combat du chant et qu'on en brûlait le bois, le jour des noces, pour porter bonheur aux jeunes époux ?

> Phylis aime les coudriers.
> Et tant qu'elle les aimera,
> Les coudriers l'emporteront
> Et sur les myrtes de Vénus
> Et sur les lauriers d'Apollon !

Phylis est morte depuis presque deux mille ans, et la branche de coudrier fait encore jaillir l'eau des sources. Légende, superstition ou force physique, inconnue encore et que la science déterminera quelque jour, peu importe ! C'est le symbole qui m'intéresse ; c'est lui que je voudrais dégager et appliquer, car il renferme un enseignement profond. L'âme des hommes est semblable à la terre ; elle contient des sources cachées qu'on ne s'occupe pas assez de faire jaillir, et qui pourraient changer en jardins fleuris, des sols inféconds ; en vignes luxuriantes, des rochers arides !

Se donner la tâche de chercher les sources serait, pour les bonnes volontés humaines, un inépuisable et splendide champ d'activité. Si les personnes qui croient savoir, par leur propre expérience, où se trouvent la vérité, la lumière et la joie, s'armaient de la branche de coudrier pour découvrir les eaux courantes dans les âmes qui les cachent, nous marcherions vraiment vers une humanité meilleure ; et ceux qui auraient aidé cette transformation, dans la mesure de leur intelligence et de leur force, pourraient mourir avec la certitude de n'avoir pas vécu en vain.

*
* *

Ce qu'il faut essayer tout d'abord, et cela dès les premières années de la vie, c'est de développer l'imagination de l'enfant. Pour sa sensibilité, on doit attendre, car souvent, dans de petits corps fragiles, une sensibilité prématurée nuit à la santé physique. L'imagination n'offre pas les mêmes dangers, et c'est l'une des sources que l'on fait jaillir le plus facilement de l'âme enfantine. Chez quelques-uns, la source est pauvre, et il faut se hâter avant qu'elle ne se soit tarie d'elle-même, ou perdue sous terre en petits ruisseaux qui se dessèchent vite. L'homme dépourvu d'imagination est une pauvre créature misérable, même si elle semble riche, car l'imagination est la force et la joie de l'esprit. Le devoir des éducateurs est donc, — comme celui des hygiénistes en ce qui concerne le développement du corps, — de donner tous leurs soins à l'accroissement de cette puissance de vie, et de ne l'étouffer sous aucun prétexte.

Dans la seconde moitié ou le second tiers du dix-neuvième siècle, après le déclin du romantisme, l'imagination a été, pendant un temps, dépréciée et considérée comme une faculté démodée, nuisible au succès des intérêts matériels, et qu'il fallait, par conséquent, éliminer de gré ou de force des jeunes cerveaux. Tous les pédagogues s'y sont employés. Dire d'un jeune homme ou d'une jeune fille : « Il, ou elle, a beaucoup d'imagination, » équivalait presque à une injure, et ceux qui possédaient ce trésor le cachaient comme une tare pour ne pas devenir suspects. La signification du mot n'était même plus comprise par ses détracteurs. Le vulgaire avait fini par appeler imagination, non plus la charmeuse qui jette un voile d'or sur toutes choses, mais le défaut, propre à certains esprits, de se créer de fausses et chimériques illusions, c'est-à-dire de donner au moindre incident une portée qu'il ne possède point. Or cette tendance puérile ne doit pas être classée sous le nom d'imagination ; elle indique simplement une mentalité vaniteuse, déséquilibrée et dépourvue de discernement.

L'imagination a une bien autre envergure ; ses ailes, qu'elles soient délicates comme celles du colibri, ou puissantes comme celles de l'aigle, portent toujours sur les hauteurs. L'homme à qui les dieux ont conféré ce précieux don ne pourra jamais tomber tout à fait bas. On me citera Edgar Poë, Musset, Verlaine et d'autres poètes encore, dont la muse dut plusieurs fois se voiler le visage ; mais ceux-là, du moins, sentaient leur honte, et plusieurs d'entre eux trouvèrent des accents de terrible angoisse pour décrire leurs chutes. D'autres, l'accès passé, se reprenaient et planaient parfois à des hauteurs vertigineuses. S'ils n'avaient pas eu d'imagination, ils auraient succombé sans souffrance et se seraient vautrés voluptueusement dans la boue où ils étaient tombés. Puis, ils seraient morts obscurs, dans l'abjection, sans avoir eu la vision des cimes, ni su faire vibrer les cœurs.

Même, exception faite des poètes, on peut affirmer que l'imagination est à la base de toute grandeur et de tout progrès. S'ils n'avaient pas eu d'imagination, les conquérants seraient restés sur leurs sols étroits. Alexandre, César, Napoléon ont été de grands imaginatifs. C'est l'imagination qui les a aidés à vaincre, plus encore que leur audace, leur bravoure, leur science stratégique. Pour les hommes d'État également, le grand ressort des conceptions géniales est, avant tout, l'imagination. Cavour et Bismarck en étaient largement pourvus. Sans elle, les intrigues politiques avorteraient avant de naître, car, pour les concevoir et les faire aboutir, l'imagination est indispensable; sans elle, il n'y aurait plus de grands lanceurs d'affaires ! Sans elle, l'Amérique n'aurait pas été découverte !

C'est un préjugé répandu de croire que, dans les professions dont le but unique est le gain, on n'a pas besoin de l'aide de l'imagination : on va jusqu'à affirmer qu'elle peut être nuisible. Oui, peut-être, pour les simples instruments qui se contentent d'emboîter le pas à leurs prédécesseurs ou à leurs patrons, mais toutes les grandes industries, toutes les grandes entreprises sont nées dans le cerveau d'un « imaginatif ».

Un avocat d'assises qui manquerait d'imagination ne sauverait jamais une tête !

Dans les sciences positives aussi, d'où procèdent les découvertes fameuses dont on mène si grand bruit ? Des hypothèses nées dans un cerveau imaginatif, analysées ensuite et passées au crible de la méthode expérimentale. Sans l'imagination, rien de tout cela n'aurait eu lieu. Archimède devait posséder une imagination puissante.

Évidemment, seule ou insuffisamment soutenue, elle ne suffit pas, mais dès qu'on la supprime, les conceptions géniales deviennent impossibles ; c'est pourquoi, ne pas développer l'imagination des enfants ou étouffer celle qu'ils manifestent, équivaut à les appauvrir, à appauvrir l'humanité et à commettre, par conséquent, un crime social.

.·.

Je suis persuadée que la crainte de l'imagination, qui a dominé l'opinion publique et le système éducatif de la seconde moitié du dernier siècle, a privé la science, la littérature et l'art de plusieurs forces vives. Lorsque celle qu'on a dénommée à tort « la folle du logis » et qu'il faudrait appeler « la lumière de l'âme » est très puissante, elle résiste à tous les efforts tentés pour l'écraser, et peut-être même rebondit-elle plus énergiquement lorsqu'on s'efforce de la détruire. Mais ce sont là des cas exceptionnels; en général, lorsque l'imagination est moyenne, on réussit très bien à enrayer son développement, et même à persuader à l'enfant que c'est une faculté honteuse ou, pour le moins, ridicule, dont il doit dissimuler les manifestations avec soin (1).

Sans ce travail d'étouffement auquel on s'est livré sur l'enfance et la jeunesse pendant au moins un tiers de siècle, je suis persuadée que notre civilisation serait plus avancée et nos littératures plus riches (2). Cette perte est

(1) Que d'enfants, dans ce temps-là, ont cruellement souffert du mépris où l'on tenait l'imagination, et des efforts que l'on exigeait d'eux pour qu'ils apprissent à la dissimuler.
(2) J'ai connu des enfants auxquels on interdisait les compositions, dans la crainte que ce genre de travail ne développât leurs facultés imaginatives.

irréparable, et non seulement on n'a pas permis à une génération de donner sa mesure, mais on a sevré des vies humaines de beaucoup de joies et de plaisirs.

Demandons-nous (je parle, bien entendu, des gens pour lesquels les repas du jour, le sommeil de la nuit et les jouissances physiques ne représentent pas le *summum* des délices humaines) quels sont les meilleurs moments de nos journées et les heures dont notre mémoire garde l'impérissable souvenir ? Nous citerons celles que notre imagination a éclairées. Qu'est l'amour lui-même, si l'imagination ne l'embellit pas, ne le relève pas, ne le dore pas ? Une fonction imposée par le génie de l'espèce et que beaucoup d'êtres assimilent presque aux plaisirs de la table. Tandis qu'aidé par l'imagination, l'amour est la plus grande douceur des âmes, la clarté lumineuse des vies, l'enchanteur qui change les réalités grises en visions radieuses. Mais, dira-t-on, pourquoi transfigurer ainsi l'amour, puisque, fatalement il doit s'évanouir, se changer en cendres au goût amer ? Plus et mieux l'on aime, plus on souffre, et le but de la vie est de ne pas souffrir.... Erreur, lamentable erreur ! Le goût des cendres sera plus écœurant et amer si les sens et le cœur n'ont jamais connu les voiles d'or. Non seulement l'amour aura cessé d'exister, mais son souvenir aura perdu tout prestige et tout charme. Au contraire, ce qui a été, ne fût-ce qu'un jour seulement, éclairé par l'imagination, continue à illuminer l'existence, malgré les douleurs, les abandons, les chutes...

De même, pour que l'amitié ne reste pas terne et grise, l'imagination est indispensable autant que le soleil à la croissance et à la coloration des fleurs. Pas d'enthousiasme non plus sans imagination, pour les personnes ou pour les causes, puisque l'un procède directement de l'autre !

L'enthousiasme procure à l'âme une dilatation délicieuse : l'esprit s'y élargit et s'y repose. Et cependant on lui fait une guerre acharnée. Que de gens se plaisent à jeter des seaux d'eau froide sur nos admirations ! Un petit sourire méprisant et supérieur erre sur leurs lèvres, et ce sourire impressionne la jeunesse ; elle en a peur, elle se sent diminuée par ces regards ironiques, qui arrivent même parfois à lui faire renier ses dieux. Plus tard, dans la vie, lorsqu'on s'est rendu compte de la valeur réelle des choses, la situation se renverse; l'on rend avec usure le sourire méprisant et l'on plaint les malheureux dépourvus d'imagination, qui n'ont jamais connu l'enthousiasme et ses saintes erreurs. Ce sont de pauvres, de très pauvres gens!

Il faudrait se borner à les plaindre, s'ils n'avaient pas le tort de déconcerter les jeunes esprits. J'ai connu une femme qui a usé plusieurs années de sa vie dans le pénible effort qu'elle faisait pour ressembler aux autres, pour devenir comme tout le monde, pour étouffer le don divin qu'elle avait reçu. Heureusement pour elle, ses tentatives furent vaines, mais cependant certains manques d'élan qu'elle déplora plus tard et qui la firent souffrir, étaient la conséquence du mépris pour l'imagination qui, dans sa jeunesse, régnait en maître sur l'opinion publique.

Diminuer, étouffer, tuer l'imagination dans une créature humaine, c'est tarir en elle, on ne saurait assez le répéter, les sources des joies les plus pures, des joies objectives, de celles que donnent la nature (1) et l'art. Le devoir des chercheurs de sources est donc de découvrir cette précieuse faculté, de l'éveiller, de la faire jaillir et d'apprendre à l'homme à

---

(1) Voir *Faiseurs de peines et Faiseurs de joies*.

tirer d'elle toutes les richesses et les forces qu'elle tient en réserve.

Les êtres privés d'imagination ne peuvent faire de bons éducateurs : il faudrait les écarter de l'enseignement, et, en tous cas, ne jamais leur confier la direction d'une éducation complète. Tout au plus pourrait-on leur permettre certaines branches spéciales qu'ils enseigneraient suffisamment et médiocrement. Jamais ils ne parviendront à faire de bons pédagogues dans la haute acception du mot.

Je dis qu'ils enseigneront médiocrement, car même dans les sciences exactes, telles que la chimie, l'histoire naturelle et la botanique, l'imagination est une aide puissante. Dans les sciences historiques son rôle est d'une importance capitale. Un maître, dépourvu d'imagination enseignera l'histoire sans lui donner de relief et ne saura pas faire saisir à l'enfant les grands ensembles qui se fixent dans la mémoire. L'enfant, de son côté, étudiant sans intérêt, ne pourra se passionner pour les personnages héroïques ou coupables qui se meuvent à travers les événements qu'on lui raconte avec froideur. Par conséquent, il ne les comprendra pas, car c'est par l'imagination que l'intelligence enfantine arrive à saisir les grands mouvements de l'histoire. Il en est de même pour la poésie, la littérature, l art... Rien, en somme, dans le savoir humain, ne peut se passer de l'imagination. Elle facilite tout ; c'est la grande source des connaissances, des découvertes, des héroïsmes, et quand elle n'est pas un don naturel, il faudrait pouvoir la faire naître artificiellement.

Ceux qui se préoccupent, à bon droit, de l'avenir des générations nouvelles, devraient s'entendre pour remettre l'imagination en honneur et la soustraire à l'injuste dédain sous lequel les générations utilitaires avaient essayé de l'écraser. Mais il ne s'agit pas simplement de lui jeter la bride sur le cou : ce serait aller au-devant des pires dangers. Si l'on développe cette faculté merveilleuse, ce n'est pas pour la laisser sans aliments. Le travail intellectuel et moral de ceux qui, sous une forme ou l'autre, ont charge d'âmes, en sera considérablement augmenté. Il faut empêcher avant tout que l'imagination deviennesu bjective (1), et beaucoup de discer-

(1) Évidemment dans son essence l'imagination est toujours subjective ; en me servant de ce terme un peu impropre, je veux indiquer les imaginations qui ne possèdent ni puissance d'observation, ni la vision des choses extérieures.

nement est nécessaire pour parer à ce grave péril. Non seulement les éducateurs ont besoin de science et de conscience, ils doivent posséder encore des âmes vivantes et communicatives, des intelligences ouvertes, capables de tracer des routes et d'indiquer les sommets.

La mauvaise habitude de s'exalter à faux pour soi-même, — cause des déceptions amères et d'amoindrissement moral, — est un des résultats de l'imagination subjective : celle-ci intensifie le *personnalisme*, excite la sensibilité et renforce l'égoïsme, tandis que l'imagination objective, — celle qui s'extériorise, — en portant l'intérêt de l'homme hors de lui-même, le pousse aux conquêtes de l'esprit, aux recherches nobles, aux découvertes, aux combinaisons, aux entreprises qui apportent la gloire et la richesse. Dans des proportions plus modestes, elle sert à embellir, à colorer, à adoucir la vie.

※

Plus tard, et avec d'habiles précautions, les chercheurs de sources devront s'occuper de la sensibilité de l'enfant, car elle est aussi nécessaire que l'imagination, à son développement intégral. Qui enrichit sa sensibilité, enrichit son intelligence, dit avec raison Maeterlinck. Au siècle dernier, par réaction contre les théories de Rousseau, on a essayé de l'extirper, elle aussi, en cultivant avant tout dans les âmes les sentiments utilitaires. La médiocrité morale d'une bonne partie de nos contemporains suffit à montrer combien cette noble entreprise a réussi.

Au point de vue social, ce travail de destruction a été une erreur grave, la sensibilité étant plus importante que l'imagination pour tout ce qui se rapporte aux relations des hommes entre eux. Un individu dépourvu de sensibilité, à moins qu'il ne soit doué d'une intelligence très fine, est presque toujours un vulgaire et un grossier. Il y a une science du cœur qui se reflète dans les attitudes et les paroles et que rien ne remplace quand elle manque. *La gentilezza d'animo*, comme l'appellent les Italiens, est la source du tact véritable ; sans elle tous les chocs sont durs, bruyants, cassants. Un homme, au contraire, dont on aura cultivé la sensibilité dès l'enfance, conservera toujours une sorte de douceur dans les procédés, quelles qu'aient été les luttes et les amertumes de son existence.

Combien d'individus l'on rencontre — aujourd'hui surtout, ils pullulent — qui ne s'occupent jamais que de l'utilité pratique des choses. A leurs yeux, le tableau et le livre n'ont de valeur qu'en raison de ce qu'ils ont rapporté ; la découverte scientifique, en raison de ses résultats d'argent ; l'amitié, en raison des portes qu'elle ouvre, et ainsi de suite ! Très probablement, ces personnes étaient nées avec une sensibilité médiocre qui n'a pas résisté au système d'étouffement auquel on l'a soumise. Il n'en reste plus trace, et même la sensibilité d'autrui excite leur dédain. Les sensibles le devinent, le comprennent, et ont la faiblesse de rougir de ce dont ils devraient se glorifier, donnant ainsi raison, par leur attitude piteuse, à ces arrogants détracteurs des véritables lettres de noblesse de l'homme.

Quand donc les gens qui ont du cœur et de l'altruisme arriveront-ils à mépriser ouvertement ceux dont les facultés affectueuses sont concentrées sur eux-mêmes ? Malheureusement, ce jour n'est pas proche, car le manque de courage est aujourd'hui, un des traits caractéristiques, des êtres sensibles et bons. Il faudrait apprendre à l'enfant que les gens sans cœur sont des pauvres qu'il faut d'abord plaindre et ensuite dédaigner, comme des non valeurs. Tout cela, bien entendu, dans la mesure où le dédain est permis à ceux qui voient, dans tous les hommes, des frères, dont ils ne peuvent se désintéresser complètement.

En parlant de sensibilité, je n'entends point cette sensiblerie ridicule ni ce faux sentimentalisme (1) qui font le malheur et l'ennui de tant de familles, et sont les vers rongeurs de l'amour et de l'amitié, mais bien cette puissance d'affection qui est la source des joies humaines et la meilleure consolation que la vie accorde aux hommes.

Ne pas aimer les autres, signifie d'ordinaire s'aimer soi-même à l'excès, c'est-à-dire être un misérable idolâtre (2). Je crois, et je l'ai écrit ailleurs, que le moment viendra où l'on considérera comme un ridicule et une tare, d'afficher le *moi haïssable*. Mais que l'aube de ce jour est lointaine encore!

Ce que j'ai dit pour l'imagination est également vrai pour la sensibilité. Si elle devient subjective (3), il vaudrait mieux l'étouffer; pour

(1) Voir *Ames dormantes*.
(2) Voir *Faiseurs de Peines et Faiseurs de Joies*.
(3) Voir la note, page 14.

être la source fraîche et pure où nous nous désaltérons, et où les autres se désaltèrent à leur tour, il faut qu'elle ne garde pas toutes ses eaux pour elle-même. Apprendre à l'enfant qu'il doit aimer objectivement les gens et les choses, c'est avoir fait jaillir une source de son cœur, c'est lui avoir ouvert, pour l'avenir, des perspectives de bonheur toujours réalisable et des facultés d'élargissement spirituel.

Le mysticisme moderne, l'état d'âme le plus exquis et le plus élevé que l'homme puisse connaître ne saurait naître et se développer chez les créatures dépourvues d'imagination et de sensibilité. Je ne dis pas qu'il faille élever les enfants dans l'idée d'en faire des mystiques, ce serait les conduire et nous conduire à des déconvenues certaines. Pour connaître cet état spécial, il ne suffit pas d'être un « imaginatif » et un sensible, il faut un appel du dedans et du dehors, et que les hôtes mystérieux qui viennent parfois nous visiter, fassent leur demeure en nous. Le but de l'éducation doit être simplement de former des hommes et des femmes doués d'une large compréhension humaine, capables de sentir toutes les joies, de supporter courageusement toutes les douleurs, et chez lesquels rien ne s'oppose aux contacts avec le divin.

Or, je le demande à la conscience de ceux qui ont des fils et des filles à élever, cette préoccupation les hante-t-elle beaucoup? Ils vont au plus pressé : il faut, d'abord, apprendre aux enfants ce qu'il est indispensable de savoir, pour ne pas faire une trop piteuse figure dans les rapports sociaux. Puis, dans les familles où le travail est une nécessité, il y a les examens à passer, les carrières à choisir pour les fils, les mariages à combiner pour les filles. Atteindre l'à peu près est déjà difficile ; comment viser aux sommets ? En effet, la tension d'esprit serait trop considérable, à moins que le besoin et le désir de chercher les sources ne soit devenu, chez les parents et les éducateurs, partie intégrale d'eux-mêmes, une de ces règles de conscience auxquelles on obéit sans effort et qui ne causent presque plus de fatigue.

Certes, l'homme ne peut se mettre à la place de Dieu, et il est forcé de faire, chaque jour, un acte de foi pour ranimer son courage et ne pas se laisser abattre par les soucis que lui donne l'avenir de ceux qu'il aime. Il doit aussi s'en remettre, en grande partie, à la Providence ou au Destin, en ce qui concerne la formation de leurs caractères. Cependant un effort est toujours demandé à l'homme, même lorsque Dieu paraît intervenir miraculeusement en sa faveur. Ainsi, lorsque Jésus ressuscita Lazare, il aurait pu, d'un geste lointain et majestueux, soulever la lourde dalle qui fermait la grotte où reposait le frère de Marthe et de Marie. Mais il exigea que l'effort humain eût sa part dans le miracle, et il ordonna aux assistants de déplacer la pierre du sépulcre.

Les exemples de ce genre pourraient se multiplier à l'infini, et nos expériences personnelles confirment, elles aussi, l'existence de cette loi : Dieu veut que nous soyons ses coopérateurs! On n'obtient rien sans peine, et dans les plus merveilleuses histoires de succès humain, une part d'effort personnel est toujours demandée. Comment pourrions-nous nous y soustraire dans l'éducation des êtres que la nature ou la confiance d'autrui a remis entre nos mains?

★
★ ★

L'inégalité (1) existe partout dans la nature :

(1) Voir, dans *Faiseurs de peines et Faiseurs de joies*, le chapitre : l'*Égalité*.

les caractères, les tendances, les facultés sont diverses et, sauf quelques principes fondamentaux, il faudrait élever chaque enfant de façon différente. Cela n'est pas possible; mais les éducateurs sont semblables à des musiciens qui, chargés d'accorder et de faire vibrer des instruments, devraient écouter avec attention les sons qui en sortent pour être capables d'insister, suivant les cas, sur telle ou telle note; ils enrichiraient ainsi, pour chaque être, la source des plaisirs par le développement des goûts.

Les goûts! Quelle immense ressource ils sont dans la vie! Dès qu'un goût se manifeste chez un enfant, il faudrait empêcher qu'il ne se dessèche et périsse avant d'avoir donné ses fruits. C'est une plante précieuse que l'on devrait arroser avec sollicitude, soutenir et greffer....

Les gens qui ont des goûts ne s'ennuient jamais. Or, une bonne partie des tristesses de la vie sont causées par l'ennui qui ronge tant d'existences. Ceux qui ont appris à regarder et savent voir (1), ne connaissent jamais la

(1) Il existe des écoles en Angleterre, dont le programme consiste à apprendre aux enfants à regarder. Ils doivent considérer une carotte pendant deux ans de suite. Après quoi, ils sont capables de la décrire et de la dessiner avec une parfaite exactitude.

monotonie des longues journées mornes. Ils trouvent partout des sources d'intérêt, d'observation, de comparaison : les gens qui sont en contact avec les forces mystérieuses de la nature, pour lesquels le vent a une voix, les eaux un secret, les bois un mystère, le ciel des promesses, le soleil des enchantements, qui les tirent de leur petit Moi, pour leur faire presque toucher l'infini, ces gens-là ne s'ennuient jamais, car leur vie est toute imprégnée de poésie.

Les poètes ? Combien ce mot s'applique mal souvent ! J'en connais de profonds qui n'ont jamais écrit un vers ou cherché une rime, mais qui ont dans les profondeurs cachées de leur âme des sources secrètes de poésie intarissable; ils en mettent dans leurs sentiments, leurs sensations, leurs pensées; ils n'ont pas l'avarice des poètes de profession, qui gardent jalousement leurs inspirations, de peur d'en perdre quelque chose au profit d'un autre; ils sont larges, généreux et font librement part de ce trésor à ceux qui vivent dans leur rayonnement. Cette source de poésie intérieure pourrait être développée par l'éducation. Elle est, du reste, le résultat naturel de l'imagination et de la sensibilité.

Ces deux sources vives de chaleur et de lumière donnent aussi naissance à un autre phénomène moral : l'héroïsme! Évidemment, des existences entières peuvent s'écouler, sans que la possibilité d'accomplir un acte héroïque s'y présente jamais : il s'agit donc moins de préparer l'enfant à des actions glorieuses que de lui en faire savourer la beauté. Du reste, si l'occasion d'acquérir publiquement le titre de héros se rencontre rarement, celle d'être un héros obscur se trouve à chaque pas. Tous les renoncements joyeusement acceptés sont une forme d'héroïsme; tous les actes ignorés de courage moral, dont l'existence de certains êtres est remplie, en sont une également. Si l'on avait étouffé en ceux-ci le germe de l'imagination et de la sensibilité, ils n'auraient été, sans doute, que des utilitaristes médiocres et tristes.

Développer chez l'enfant le goût du beau, sous toutes les formes, est aussi l'un des devoirs des chercheurs de sources. Lui apprendre à discerner et à savourer la beauté, c'est le préparer à des joies inconnues du vulgaire et que la méchanceté humaine ne pourra lui ravir jamais.

Si l'on disait aux mères : « Par telle parole,

par tel acte vous pourrez enrichir vos enfants », quels sacrifices n'accepteraient-elles pas, pour assurer à ceux qu'elles aiment cet accroissement de richesse ? Ce qu'elles font et comprennent si bien dans l'orde matériel, pourquoi se refusent-elles si obstinément à l'entendre dans l'ordre moral ?

En certains pays, la littérature a essayé d'ouvrir aux joies désintéressées l'âme de l'homme et de l'enfant. Ainsi les Anglais, par l'obligation qu'ils imposent à toute personne bien élevée d'être *cheerful*, ont travaillé utilement en ce sens, malgré les brumes de leur climat et leur tempérament *spleenétique*. Une vieille Anglaise de la classe moyenne, solitaire, pauvre même, vivant à l'étranger, aura toujours un petit *home* confortable, où il y aura des livres, des gravures, un bouquet de violettes et une tasse de thé, les soirs d'hiver. Des Italiennes, des Françaises vivant dans les mêmes conditions médiocres d'existence, rentreront dans un logis terne, où ne se verra pas la moindre tentative de confort ou l'élégance. Quand elles ont cessé d'être jeunes, elles ne vont qu'à l'indispensable et excluent, pour la simplifier, toute esthétique de leur vie; être *cheerful* et confortable, dans les limites du possible, ne leur apparaît pas comme une obligation morale. L'éducation, sur ce point, leur a manqué.

*
* *

A la sensibilité, à l'imagination, au goût de l'héroïsme, il est indispensable d'ajouter un élément qui est le correctif de ces dons précieux et les empêche de mettre le désordre dans les esprits et dans les vies. Je veux parler de l'esprit de méthode. Malheureusement il est rare de voir les imaginatifs et les sensitifs en reconnaître suffisamment l'utilité et la valeur; d'un autre côté les intelligences méthodiques pèchent presque toujours par une aridité désolante. Il faudrait unir ces extrêmes pour former l'homme complet.

La méthode simplifie toute chose, dans l'ordre matériel comme dans l'ordre intellectuel. Elle est indispensable à l'organisation des vies larges ou modestes, et là où elle manque, la sérénité et le calme, sont absents. Or, sans sérénité et sans calme, il est difficile d'arriver au succès, surtout à une époque « tourbillonnante » comme la nôtre; par conséquent, après la découverte des sources, le devoir des éducateurs est de faire comprendre à l'enfant que, pour coordonner ces forces, la méthode est indispensable.

De cette façon seulement on arrivera à donner à l'homme intérieur le développement auquel il a droit, car ce n'est que dans l'expansion de tout son être que la créature humaine peut apprendre à sentir la valeur de la vie. Si son cœur et son cerveau restent des champs arides, où trouvera-t-elle à se désaltérer ? Nous dépendons énormément de notre prochain (1) ; cependant, si nous ne possédons rien en propre, personne ne peut nous aider efficacement, et ce que nous possédons doit représenter et valoir quelque chose. Si notre cœur et notre esprit ne recèlent aucun trésor, nous sommes semblables à cette « herbe flétrie », bonne seulement à être jetée dehors.

Tous connaissent la sensation atroce des jours où aucune vibration intérieure ne se fait sentir et où, même les âmes les plus riches, ne trouvent en elles que vide et sécheresse. En ces jours-là, elles donneraient leur vie pour rien ! Cet état pitoyable est constant chez ceux en qui nul n'a songé à faire jaillir les sources cachées. Quelques-uns n'ont pas besoin d'aide :

(1) Voir *Faiseurs de peines et Faiseurs de joies*.

leurs sources sont si abondantes et si riches qu'elles sortent de terre sans le secours de personne; mais ce sont les exceptions. En général, il faut aider les âmes et les creuser patiemment, pour que l'eau en jaillisse.

Le moment est grave. Ceux qui ont encore le bonheur de croire et dont la foi est ferme comme le rocher dont parle l'Évangile, ne peuvent se faire illusion : le sentiment religieux a déserté la plupart des cœurs. Pour beaucoup, le vide du ciel est un fait certain, aucun doute à cet égard n'existe plus, et ils refusent même de discuter sur ce point. Il en est d'autres, — et ils sont assez nombreux aujourd'hui, — que des besoins religieux tourmentent encore, mais qui repoussent les formes théologiques existantes et la morale officielle. On ne peut les abandonner à leurs douloureuses incertitudes, et cependant il ne suffit pas de leur dire : « Croyez, et tout deviendra limpide à vos yeux. » La foi ne se commande pas. Une seule chose est possible : éveiller en eux, par l'imagination et la sensibilité, les forces, les cultes et les goûts qui conduisent vers ces hauteurs où Dieu, de tout temps, s'est manifesté à l'âme de l'homme.

CHAPITRE II

LES PARENTS

> Comment se fait-il, les enfants étant si intelligents, que les hommes soient si bêtes ? Cela doit tenir à l'éducation.
> ALEXANDRE DUMAS, FILS.

Chacun sent plus ou moins vaguement, aujourd'hui, qu'une grande partie de notre système d'éducation est à refaire et qu'il faut trouver d'autres procédés pour former l'âme de l'enfant et l'initier à la vie.

La première éducatrice et la première initiatrice est la mère, et je vais toucher ici à un point délicat (1) et à un problème difficile.

---

(1) Si j'étais mère moi-même ou simplement institutrice, j'hésiterais à aborder l'argument, car on pourrait croire que je veux me citer en exemple et blâmer les autres, pour préconiser mon système personnel d'éducation.

Seul, le sentiment de ma complète objectivité me donne le courage de formuler la question suivante : « A part les soins matériels, où plusieurs excellent, dans quelles proportions les mères actuelles, étant donnés les courants de la pensée moderne, sont-elles capables de faire jaillir des sources dans l'esprit et le cœur de leurs enfants ? »

Il y a des mères parfaites, il y en a d'admirables, auxquelles nul rabdomancien ne peut être comparé, et à qui l'on voudrait donner l'humanité entière à élever. Mais il est inutile de s'occuper de ce qui marche droit en ce monde ; ce sont les gens difformes et les boiteux qu'il est urgent de redresser.

A notre époque, à la fois si grande et si effrayante, le rôle de la mère est devenu infiniment plus difficile qu'il y a vingt ou trente ans, alors que l'esprit de rébellion et d'anarchie n'avait pas encore envahi le cerveau des jeunes gens et même des enfants, et qu'il existait des croyances et des traditions auxquelles on pouvait faire appel, avec la certitude qu'elles éveilleraient un écho dans les consciences. Des vérités *a prioriques*, des principes moraux indiscutables étaient alors généralement admis, tandis qu'aujourd'hui, de tous côtés, le terrain est mouvant, et plus rien n'est accepté sans discussion. Les mères ont, par conséquent, besoin d'une expérience, d'une instruction, d'une force morale, d'une finesse d'intuition dont elles pouvaient se passer autrefois, alors que leur titre suffisait à les couvrir d'autorité et de dignité. Désormais, pour posséder et conserver le prestige maternel, il faut le mériter, car l'enfant se rend compte, raisonne, critique, et, iconoclaste d'instinct, est toujours prêt à renverser les anciens autels.

Cependant, pour le bonheur et le progrès de l'humanité, on ne peut renoncer à l'influence de la mère sur l'enfant, ni à l'initiation qu'elle lui donne, car de cette influence et de cette initiation dépendent en grande partie le salut du monde. Préparer des mères pour l'avenir et induire celles qui ont déjà charge d'âme à se persuader de l'extraordinaire grandeur de leur mission est le devoir des moralistes modernes, et cela est nécessaire aussi bien dans l'ordre physique que dans l'ordre spirituel.

On ne pourra jamais recourir, pour la naissance des hommes, aux procédés qu'on emploie, dans les haras, pour le perfectionnement de la race chevaline ; mais il faudrait, du moins, empêcher la reproduction des êtres malsains, rongés de maladies transmissibles et inguérissables. Les femmes, quand elles l'auront compris, pourront y aider efficacement. Il y a, en outre, une foule de personnes auxquelles la paternité et la maternité devraient être interdites, en raison de leurs tares morales et intellectuelles. Or, celles-là justement mettent des enfants au monde avec une inconscience absolue du cruel délit qu'elles commettent. Nourrir l'illusion que la société parviendra jamais à exercer un contrôle complet à cet égard, serait caresser l'impossible chimère; mais peut-être arrivera-t-on un jour à faire comprendre à la conscience humaine que donner la vie à d'autres êtres implique des responsabilités graves. Cette idée a déjà gagné du terrain : les parents des classes bourgeoises se sacrifient aujourd'hui pour leurs enfants bien plus qu'ils ne le faisaient autrefois. Peut-être même dépassent-ils la mesure et ont-ils obtenu, comme résultat, un développement très accentué d'égoïsme chez la génération nouvelle.

Dans les classes populaires, celles où les pensées s'expriment crûment, on entend aujourd'hui des jeunes gens et des enfants reprocher à leurs parents de les avoir fait naître, afin de se dispenser envers eux de tout devoir filial. Dans les classes élevées, l'éducation empêche ces mêmes pensées de se formuler brutalement, mais sommes-nous bien certains qu'à la première déception, elles ne surgissent pas silencieusement dans les cœurs arides et égoïstes des jeunes jouisseurs de notre époque, qui ont érigé en dogme leur droit personnel au bonheur et au plaisir?

Pour lutter contre ces tendances et essayer d'en empêcher l'éclosion, il faut des qualités de discernement et d'intuition dont les parents d'autrefois, je le répète, n'avaient pas besoin au même degré. Ceux d'aujourd'hui se rendent-ils compte de ce besoin? A de rares exceptions près, ils se contentent d'aimer leurs enfants et de pourvoir à leur subsistance. La formation des caractères les occupe assez peu. Quelques-uns s'affligent des tendances peu favorables au succès qu'ils constatent chez leurs fils et leurs filles, et essayent de développer en eux l'ambition et l'amour de la lutte; ils dévoient ainsi des âmes douces et simples qui auraient peut-être vécu heureuses, laissées à leurs dispositions naturelles. D'autres s'acharnent à étouffer, chez leurs enfants, les élans d'imagination et de cœur qui pourraient les pousser aux entreprises généreuses (1); la plupart les abandonnent aux hasards de la vie, des circonstances, des éducateurs et des camarades !

Si pareille insouciance était possible autrefois, alors que, malgré certains écarts de conduite, la morale traditionnelle n'était pas discutée, elle n'est plus admissible aujourd'hui. A qui se fier désormais? Aucune sécurité n'existe nulle part, la lecture des journaux en fournit la preuve. Nous y voyons journellement que certaines classes sociales, jadis réputées respectables, participent dans de larges proportions à la criminalité. Rien n'est resté debout dans les consciences. Il y a encore, heureusement, des âmes fermement attachées à leur foi ou à leur idéal, mais l'on est frappé cependant du désordre de pensée et de l'incohérence de jugement qui se manifestent même chez les gens personnellement honnêtes. Ils ne savent plus discerner le bien du mal, souvent ils mettent l'un à la place de l'autre. Le contact de ces âmes incertaines avec de jeunes esprits est déconcertant et pernicieux.

(1) Voir le chapitre : *les Coupeurs d'ailes*.

Cet état d'anarchie intellectuelle contribue à aggraver les responsabilités des parents et à élargir leurs devoirs. Ils ne peuvent plus rien laisser au hasard, car le hasard, aujourd'hui, prend parfois de vilains noms. Veiller, veiller sans cesse, tout en respectant l'individualité et la liberté des êtres sur lesquels ils se penchent, c'est l'obligation qui s'impose inexorablement à eux. Il y a là de quoi occuper la vie des femmes, puisque la tâche de façonner l'âme et la conscience de l'enfant leur revient pour une grande part, une part que peut-être la paresse morale des hommes a trouvé de son intérêt de trop élargir.

*
* *

Si, dans l'éducation donnée aux jeunes filles, on n'insiste pas suffisamment sur les devoirs de la maternité, — ses hauts devoirs s'entend, — on ne parle absolument pas aux jeunes gens des devoirs de la paternité. Certes, les hommes élevés dans un milieu honnête savent qu'ils devront pourvoir à la subsistance de leur famille, mais c'est tout, et encore essaient-ils de diminuer ce poids et de s'en décharger le plus possible en épousant une femme riche. Quant à ce qui concerne l'éducation des enfants, ou l'étude de leurs caractères et de leurs tendances, la direction qu'il faudrait leur donner, ils abandonnent ce travail à la mère, — même lorsqu'elle est frivole et sotte, — et n'interviennent que dans les questions importantes. Encore ne le font-ils qu'après avoir été mis au courant et suggestionnés par leurs femmes. Le jugement qu'ils portent et le conseil qu'ils donnent manquent par conséquent d'indépendance et de valeur, toute opinion qui ne se fonde pas sur l'observation directe, demeurant incomplète et unilatérale.

Si encore les responsabilités ne s'établissaient de cette façon peu équitable que dans les ménages où la femme est sérieuse et intelligente, la portée du mal ne serait pas grande, bien que, pour l'œuvre aussi délicate et complexe de la formation des caractères et des âmes, le concours de deux cœurs et de deux esprits ne soit pas de trop. Malheureusement, nous voyons des hommes parfaitement au courant de l'insuffisance et de l'incompétence de leurs compagnes, les laisser diriger librement et entièrement l'éducation de leurs enfants. Un mari disait de sa femme :

« Je ne lui donnerais pas une lettre à mettre à la poste, » et confiait sans hésiter à ce cerveau vide et frivole ce qu'il avait de plus précieux au monde, ou du moins ce dont il lui sera demandé le plus sévèrement compte, si le règne de justice auquel nous aspirons se réalise un jour en ce monde ou au delà de ce monde.

Des exemples de cette inconséquence se rencontrent journellement. Il y a des exceptions, et elles sont nombreuses; mais, en général, le père, dans toutes les classes, se désintéresse de l'enfant, non au point de vue de l'affection, du moins à celui de la direction morale. Manque de temps! dira-t-on. Oui, peut-être, pour l'ouvrier qui rentre le soir, accablé par le travail du jour (tout cela aussi a bien changé!) et incapable d'un effort mental. Oui, encore, pour le *professionnel*: avocat, médecin, ingénieur, trop occupé au dehors pour surveiller chez lui les détails de l'éducation des enfants. Mais les bourgeois, les rentiers, les oisifs ne sont-ils pas coupables des mêmes négligences? Ils auraient tout le temps d'être des éducateurs et des initiateurs, et n'y songent même pas!

Quelques-uns s'irritent, lorsque les études ne marchent pas; ils paient des répétiteurs à leurs fils et essaient, s'ils ont de l'influence, de les pousser dans les carrières où ils entrent. Puis, si les fils font des sottises ou des dettes, ils se fâchent et réagissent avec violence. Leur surprise, d'ordinaire, est extrême ; ils ne pensent pas que s'ils avaient mieux étudié le caractère de leurs enfants, essayé de diriger leurs idées, de combattre leurs tendances, de les initier eux-mêmes à la vie, ils auraient peut-être évité ces crises, souvent irréparables.

Si l'on constate, d'un côté, l'indifférence des pères pour le développement du caractère de leurs enfants, l'on voit, de l'autre, l'insuffisance de la plupart des mères devant la double tâche qu'elles ont à remplir. Aucun des deux n'est assez pénétré de la grandeur de sa mission; l'homme, — je ne parle pas des chrétiens réels et des spiritualistes convaincus, — n'attache pas grande importance aux dispositions morales de ses fils et ne s'occupe guère de créer en eux cette douceur d'âme (1) qui est l'une des meilleures sauvegardes contre certaines tentations et certains actes. Les mères, — je ne répéterai jamais suffisamment qu'il y en

---

(1) Voir le chapitre : *Chercheurs de sources.*

a de parfaites, de supérieures, d'admirables,
— n'ont pas une mentalité assez développée
pour les exigences de l'existence actuelle et
ignorent de quelles armes fils et filles doivent
être pourvus pour savoir combattre et vaincre.
Le but qu'il faut poursuivre est double, par
conséquent : secouer l'inertie des pères et élever les femmes, auxquelles la plus grande partie du travail éducatif sera toujours confiée, à
la hauteur de leur tâche.

Tous les enfants, tous les jeunes gens et
l'on peut dire tous les hommes, ont l'adoration de la force. Or, cette force, l'enfant croit
généralement que son père la possède ; l'influence de celui-ci pourrait donc être très
grande sur ses fils. Il en est de même pour les
filles, qui attribuent volontiers certains conseils de leurs mères aux préjugés et aux idées
démodées ; de la bouche d'un homme qui connaît la vie, ils acquièrent plus d'importance,
l'homme représentant, pour la mentalité féminine *celui qui sait*. Il est, en outre, le portevoix de l'opinion masculine, cette opinion qui
garde encore tant de prestige aux yeux des descendantes d'Ève (1). Les règles de bonne tenue

(1) Voir: *Faiseurs de peines et Faiseurs de joies.*

elles-mêmes, formulées par un père, paraissent plus dignes de considération aux filles, et les pièges signalés plus effrayants.

Persuader aux pères qu'ils doivent user de leur ascendant et intervenir directement dans la formation du caractère de leurs enfants, voilà un des buts qu'il faut poursuivre. Les hommes faits, esclaves de leurs habitudes morales, se modifieront difficilement, mais les générations à venir pourront être préparées à remplir ce devoir. Pourquoi ne parler qu'à un seul des sexes des obligations qui découlent du fait grave d'avoir mis des enfants au monde ? Si ce sentiment d'obligation pénétrait la conscience des hommes, peut-être réfléchiraient-ils davantage aux responsabilités dont ils se sont chargés jusqu'ici avec tant d'insouciance, peut-être verrions-nous moins d'enfants du hasard.

Sans toucher, du reste, à ce point délicat de la question, et en nous bornant à envisager les enfants qui vivent, de droit, sous le toit paternel, il est certain que si les pères appliquaient leur intelligence et leur cœur à faire de leurs fils des hommes et de leurs filles des femmes dans le sens profond du mot, la société en retirerait un immense avantage.

On a toujours reconnu, à certains signes spéciaux, les fils de femmes distinguées ; de même, les filles, dont les pères ont été les initiateurs intellectuels, portent une empreinte spéciale ; elles ont dans l'esprit quelque chose de plus large, de plus viril, de plus généreux. L'intelligence masculine a fait jaillir en elles des sources qu'une éducation exclusivement féminine n'aurait peut-être pas réussi à découvrir. On me répondra que cette tâche revient de droit au mari ; c'est à lui d'ouvrir des horizons nouveaux à l'âme vierge qui lui est confiée, c'est à lui de la faire participer aux manifestations intellectuelles et morales auxquelles les expériences de sa vie d'homme l'ont initié... Autant de mots vides de sens ! Dans la réalité, et sauf exception, les maris s'occupent assez peu de chercher les forces cachées que détient l'âme de leurs femmes. Et puis, leur influence s'exerce trop tardivement. Les jeunes filles, aujourd'hui, se marient presque toutes après vingt ans, et la tendance moderne est de retarder toujours davantage l'époque de leur mariage ; par conséquent, lorsqu'elles changent d'état, leur psyché est déjà formée.

Certes, elle pourra subir encore de graves modifications, s'égarer très loin, descendre très bas ou monter très haut, mais cependant, le travail principal est accompli. Or, c'est durant la période de travail mental, qui va de douze à vingt ans, que l'initiation paternelle pourrait être efficace sur le cerveau des jeunes filles. Je me rends parfaitement compte qu'un homme sérieux, absorbé par les intérêts de sa carrière ou de sa profession, ne peut pas devenir le mentor continuel de ses enfants ; mais le loisir de s'occuper d'eux intelligemment ne lui manque jamais, s'il le désire. Et justement parce que ses conseils et ses enseignements seront plus rares, ils auront plus de force et d'efficacité.

Lorsqu'un père, doué de quelque supériorité d'esprit ou d'âme, s'empare du cerveau de sa fille, il devient le maître de son intelligence et de son cœur. Plus tard, elle subira l'influence de son mari, celle d'autres hommes, mais la première empreinte demeure, indélébile, et si les volontés, qui pèseront momentanément sur la sienne, réussissent à l'égarer sur des routes coupables ou moins nobles, leur empire ne durera pas ; elle les secouera tôt ou tard et retrouvera sa vraie âme, celle que la mentalité paternelle avait formée.

Quant aux fils, sur lesquels le père exerce moins d'influence dans l'ordre intellectuel et psychique, ils ont cependant un besoin urgent de son autorité. Lorsque celle-ci manque ou ne s'exerce pas, les inconvénients qui dérivent de cette lacune dans l'organisation familiale sont innombrables. Il est inutile d'insister sur ce point. L'on s'étonne souvent que les fils d'hommes célèbres soient rarement à la hauteur de leurs pères. C'est que, très probablement, ces hommes célèbres ne se sont pas souciés d'exercer leur autorité. Ils l'ont abdiquée dans les mains d'une mère médiocre ou d'instituteurs incapables.

Désormais, dans toute éducation d'homme, il faudrait introduire un nouveau code de devoirs : celui des obligations que la paternité impose, lorsqu'on la comprend d'une façon moderne. Je dis, moderne, car les privilèges tyranniques de l'ancien *pater familias* ont été abolis heureusement, et pour toujours.

*
* *

Les privilèges de la mère, au contraire, se sont agrandis dans ces dernières années. Aujourd'hui, elle joue dans l'organisation de la famille un rôle qui autrefois n'appartenait qu'au chef de la communauté. Dans beaucoup de maisons, tout ce qui concerne l'éducation et la direction des enfants dépend d'elle ; elle seule les prépare à l'avenir. Quelques mères sont dignes de cette tâche ; beaucoup d'autres pourraient le devenir, si l'on modifiait l'enseignement qu'elles reçoivent comme jeunes filles. Je crois que l'instruction intégrale et l'école mixte (1) nous donneront des mères plus capables d'élever des hommes, que celles d'aujourd'hui. Mais ce n'est pas suffisant ; d'autres choses encore doivent être modifiées dans l'enseignement moral donné aux femmes. On ne les prépare pas à la vie ; elles-mêmes en souffrent, et leurs enfants en portent la peine (2).

Un attristant phénomène fournit la preuve de ce manque de préparation. Beaucoup de jeunes filles de quatorze à dix-huit ans se montrent sérieuses, manifestent des goûts artistiques, s'intéressent aux sciences, à la littérature, même au mouvement social, et leur cœur est ouvert à la charité. Quelques-unes sont casanières, d'autres sportives, presque aucunes mondaines ; toutes paraissent saines d'esprit et de cœur. Leurs grâces, à peine écloses, sont pimentées

(1) Voir *Faiseurs de peines et Faiseurs de joies*.
(2) Voir le chapitre *les Amies de l'Homme*.

d'originalité et irradiées d'une lueur claire. En les observant, l'âme se remplit d'espérance : ce sont les femmes de l'avenir ! Hélas ! du jour où elles quittent la salle d'étude et commencent à partager la vie de leur mère, à subir sa seule influence et à évoluer dans son milieu, l'édifice s'écroule. Adieu sérieux et originalité ! Elles deviennent frivoles, vaniteuses, médiocres, prennent des attitudes et ressemblent à des poupées mécaniques, faisant les mêmes gestes et les mêmes pas. Leur cerveau se vide de ce qu'il contenait jusqu'alors pour se remplir de pensées inutiles et ridicules.

Jadis, il y a quelque vingt ans, c'était l'amour, ou plutôt le désir de l'amour, qui tournait la tête aux filles. Occasion de danger ou, en tout cas, de chagrin ; oui, peut-être, mais, au moins, sous des formes souvent absurdes, elles obéissaient à l'instinct tout-puissant, à un besoin de tendresse, tandis qu'aujourd'hui, ce qui les occupe, c'est la toilette, l'envie de se faire voir, de paraître, de dépenser largement, d'acquérir une situation mondaine que le mariage solidifiera ou augmentera... Telles sont, en général, les préoccupations de nos jeunes contemporaines dès que leur mère commence à les introduire dans le monde et à leur faire partager sa vie.

Tout ceci, dira-t-on, n'est vrai que pour les jeunes mondaines des classes riches. Comme si l'esprit de vanité ne régnait pas en maître, aujourd'hui, dans tous les milieux ! Souvent, même, ce sont les familles les moins fortunées qui lui font les plus absurdes sacrifices ! La soif de paraître est aussi vive chez la petite bourgeoise (1) que chez la femme élégante et aisée, et ces goûts, contenus chez les jeunes filles durant les années d'études, éclatent dès qu'elles sont admises à partager les habitudes et les préoccupations de leurs mères. Il y a des exceptions en cela comme en tout, mais en général, on ne peut dire que quand l'heure d'apprendre la vie aux jeunes filles a sonné, l'influence maternelle s'exerce sur elles de façon heureuse.

Qu'il s'agisse de les lancer dans le petit ou dans le grand monde, les leçons sont à peu près pareilles, et toutes ont pour base la vanité. « Oh ! combien j'en ai vu mourir, de jeunes filles ! dit Victor Hugo dans les *Fantômes*. « Que j'en ai vu décroître ! » pourrait-on

---

(1) Voir *Faiseurs de peines et Faiseurs de joies*.

s'écrier avec autant de vérité. Plusieurs avaient des ailes qu'on a coupées (1), et souvent, bien souvent, c'est la mère, l'exemple de la mère et de son entourage qui ont décapité les jeunes pavots, dont la tête tendait à s'élever un peu au-dessus des autres.

En tarissant les sources, au lieu de les faire jaillir, les mères agissent souvent avec bonne foi, persuadées que ce qui leur a suffi doit suffire à leurs filles. Travailler à faire atteindre à ces débutantes dans la vie ce qui a été leur propre idéal d'existence, n'est-ce pas agir en bonnes et sages éducatrices ? Si, pendant quelques années, elles ont consenti à ce que d'autres influences s'exercent sur la mentalité de leurs enfants, c'est que la société actuelle demande aux femmes une somme de savoir qu'elles auraient été incapables de transmettre. Mais, cette période étant terminée, elles vont pouvoir faire de leurs filles des êtres semblables à elles-mêmes.

Dans les milieux où l'aisance est médiocre et dans ceux où l'existence matérielle est difficile (2), les mères n'ont pas des vues plus sérieuses. Elles se sacrifient, pour assurer à leurs

(1) Voir le chapitre *Coupeurs d'ailes*.
(2) *Idem*.

filles une apparence d'élégance, et développent chez elles le désir de paraître. Les adversaires de la culture féminine m'amusent toujours quand ils prétendent que l'instruction nuit aux vertus domestiques. Sont-ce ces vertus-là que les mères ignorantes ou à moitié cultivées enseignent à leurs filles ? Pas le moins du monde ! La cuisine, la couture, la tenue du ménage, l'art de faire valoir ce que l'on possède, qui pense à les leur enseigner ?

M. Émile Faguet dit avec raison que la vie des jeunes filles de la bourgeoisie est dévorée par une démoralisante oisiveté. Leurs études terminées, et jusqu'à leur mariage, — à moins que la fortune de leurs parents ne leur permette de mener la grande vie mondaine, — elles ne savent comment employer les heures de la journée. On les a dégoûtées des intérêts qui avaient séduit un moment leur imagination, et on ne donne aucune pâture à leur activité. Quelques familles ont le bon sens de leur permettre l'accès des œuvres sociales, et même de les y pousser ; mais, dans les pays latins, c'est rare encore. M. Émile Faguet voudrait que les mères abandonnent à leurs filles les soins du ménage. L'ignorance des jeunes femmes pour tout ce qui concerne la tenue d'une maison est, en effet, incroyable, et leur procure, après le mariage, de pénibles années d'apprentissage. Cela est d'autant plus grave, que le nombre des salariés et des salariées diminue chaque jour de façon inquiétante.

Il suffit de considérer avec attention et objectivité le problème de l'éducation féminine, pour se rendre compte que celle-ci est presque toujours basée sur des principes faux ou du moins mal compris. On dirait que son but est de former des créatures inutiles. Celles qui ont appris à se suffire à elles-mêmes se comptent. Les autres ne savent ni coudre une chemise, ni préparer un repas, ni donner des soins aux petits enfants. Sur ce dernier point, elles sont d'une ignorance complète. Or, puisqu'on les élève pour le mariage, ne serait-ce pas la première chose à leur enseigner ? J'ai entendu un médecin déclarer que, même dans les classes aisées, une bonne partie de la mortalité enfantine était due à l'incapacité des mères.

Pourquoi ne pense-t-on pas à combler cette déplorable lacune ? On fait suivre aux jeunes filles des cours de tout genre, mais jamais d'hygiène enfantine ! Cependant, les crèches et les asiles, où elles pourraient apprendre pratiquement les soins à donner à l'enfance, ne manquent pas. Les mères intelligentes devraient comprendre combien ces leçons seraient indispensables.

Transformer la mentalité des mères, voilà l'essentiel ! Si on n'y arrive pas, il n'y a rien à espérer. Plusieurs vivent à côté de la vie ; d'autres, les soucieuses, n'en voient que le côté écrasant. Bien peu arrivent à une vue d'ensemble. Presque toutes sont pressées de marier leurs filles, de les voir à la tête d'un ménage, avec des enfants à élever ; mais celles qui pensent à les préparer à ce rôle sont en très petit nombre.

Un autre point très grave mériterait également d'attirer l'attention des mères. L'état actuel de la société rendant l'avenir incertain, toute femme devrait être pourvue d'une profession ou d'un métier. Pour celles qui sont intelligentes et studieuses, l'instruction intégrale résoudra en partie le problème. Pour les autres, il y a des gagne-pain honorables que la vanité seule empêche d'accepter. Votre fille, dites-vous, aura une dot convenable, mais ne voit-on pas journellement des dots diminuées ou perdues par les spéculations ou les prodigalités ? A la fortune, le devoir des parents, même riches, est d'ajouter le moyen de gagner honorablement sa vie ; tant mieux si l'occasion de s'en servir ne se présente pas ! Dans les familles simplement aisées ou de situation médiocre cette obligation s'impose plus encore.

Réussira-t-on à faire pénétrer ces deux idées, la seconde surtout, dans le cerveau des mères bourgeoises d'aujourd'hui ? Bien des préjugés s'y opposent. Peut-être, pour qu'elles les acceptent faudra-t-il les préparer, dès l'enfance, à cette vue nouvelle de l'existence. Ce retour aux réalités pratiques de la vie et, en même temps, cet élargissement des horizons intellectuels et moraux exige une transformation dans les principes de l'enseignement qu'il appartient aux éducateurs et aux moralistes de réaliser. Ils doivent préparer les mères à devenir, pour leurs filles, des guides pratiques et sérieux et à être toujours davantage, pour leurs fils, des amies intelligentes et sûres. A eux aussi de rendre les hommes plus conscients des obligations de la paternité, de leur apprendre qu'ils doivent travailler à la formation du caractère de leurs enfants, afin de pouvoir répéter, avec le grand roi hébreu : « Mon fils, si ton cœur est sage, mon cœur à moi sera dans la joie... »

CHAPITRE III

LES ÉDUCATEURS

> Ce qui aux yeux de l'écolier constitue le maître, c'est la pleine possession de soi-même, le parfait accord de la conduite et du langage, l'esprit d'exactitude et de justice.....
>
> Octave Gréard.

Dans la crise morale que nous traversons, la question de l'éducation privée ou publique est l'une des plus graves qui se posent. De tout temps, des intelligences supérieures l'ont envisagée, et, au dix-neuvième siècle surtout, elle a été la grande préoccupation d'esprits nobles et sincères qui ont essayé de la résoudre. Mais ce grand effort n'a pas abouti : le niveau intellectuel et moral des enfants et des adolescents n'est pas supérieur à celui de leurs pères. Pourquoi pareil résultat négatif? Les instruments seraient-ils défectueux? Nous avons vu que la préparation donnée par la famille n'était plus suffisante pour les besoins et les dangers de l'heure présente. Celle des éducateurs l'est-elle davantage? Le sujet est si complexe, si sérieux et si délicat, que des volumes ne suffiraient pas à l'épuiser. Je me bornerai donc à toucher brièvement deux points : la nécessité de relever moralement la situation des instituteurs et l'obligation, pour eux, de comprendre la grandeur de la mission qu'ils accomplissent.

***

Les éducateurs? Eux aussi devraient être des chercheurs de sources. Or, cette tâche demande des qualités de premier ordre. C'est donc toute une classe qu'il faudrait relever, pour pouvoir la choisir dans l'élite, non seulement intellectuelle, mais morale de la nation. Et cela déjà pour les écoles élémentaires et secondaires, les années que les enfants y passent étant d'une importance extrême pour la formation de leur caractère.

Tout d'abord (on me dira que je demande l'impossible), l'enseignement ne devrait pas être choisi simplement comme une profession, mais accepté comme une vocation irrésistible. Sans cet élan, il ne peut y avoir de bons instituteurs. Pour gagner les esprits et les cœurs, il faut se donner soi-même. Un instituteur indifférent pourra faire des leçons brillantes, il ne pénétrera jamais l'âme de ses élèves et ne marquera leur cerveau d'aucune empreinte. Quant aux éducateurs corrompus et corrupteurs, ce sont des criminels, et la même épithète s'applique à ceux qui, les sachant indignes, permettent qu'ils exercent leur ministère.

Le mot est écrit, et je le maintiens. L'enseignement est un ministère, aussi sacré que celui du prêtre dans l'ordre religieux, et il est surprenant que les défenseurs de l'école laïque ne le proclament pas. Il ne faudrait pas seulement en exclure les immoraux et amoraux, mais les gens bornés, tous ceux qui ne sentent pas l'importance de la mission, n'aiment pas la nature et (1) dont l'âme est médiocre.

Il va de soi que pour former une classe d'élite, pour avoir le droit d'écarter et de

---

(1) Voir *Faiseurs de peines et Faiseurs de joies*.

choisir, une transformation est nécessaire : la classe des instituteurs, je le répète, doit devenir une classe privilégiée, pécuniairement et socialement parlant. Ce serait l'unique moyen de l'élever à la hauteur de sa tâche. Évidemment une réforme de ce genre ne pourra se faire que lentement, peu à peu, et les difficultés à vaincre seront énormes. Sans l'aide de l'opinion publique, il sera impossible d'y arriver. C'est donc, tout d'abord, un mouvement d'opinion qu'il faut provoquer. Chacun peut y aider pour sa part, en montrant un respect particulier aux personnes, auxquelles est confiée l'éducation des générations futures, et en exigeant inexorablement d'elles certaines qualités indispensables, sans lesquelles il n'y aurait pas moyen de les autoriser à exercer leur profession.

Par exemple, si les pères (1) ne se désintéressaient pas, comme ils le font, de l'éducation de leurs enfants, ils pourraient, en se liguant avec d'autres pères, intervenir efficacement, pour que tel professeur indigne de sa tâche, ou qui l'accomplit avec négligence, ne continue pas plus longtemps à former des élèves

---

(1) Voir le chapitre: *les Parents*.

insuffisants ou détestables. Ce sont des exécutions dont les mères, dans l'état de choses actuel, ne peuvent guère se charger.

La plupart des professeurs et des instituteurs ne voyant, dans leur carrière, qu'un gagne-pain assuré, y consacrent le moins de temps possible, parce que les bénéfices qu'ils en retirent ne sont pas à la hauteur de leurs prétentions. Ils n'éprouvent, pour les élèves dont ils ont la charge, qu'une indifférence nuancée d'hostilité; leur grossièreté et leur manque d'intérêt indisposent les jeunes gens qui, à leur tour, deviennent irrespectueux, inattentifs et finissent par envelopper tout le personnel enseignant dans la même antipathie et le même dédain injustes. Je dis injustes, car si certains maîtres font preuve d'une incompétence absolue dans les matières qu'ils enseignent, d'autres sont admirables de dévouement, de patience, et obtiennent, comme éducateurs, de merveilleux résultats. C'est presque un vol de ne pas donner aux enfants la chance de tomber dans de pareilles mains. Les parents devraient se persuader de cela, et les autorités scolaires également. En théorie, chacun partage cette opinion, mais, en pratique, chacun *laisse courir*, par nonchalance et par cette tendance à examiner superficiellement toute chose qu'on ne pourra jamais assez flétrir, car elle empoisonne les âmes !

Laisser courir ! Voilà le délit dont nous nous rendons tous coupables. Certes, le système est commode, et, si nous en étions les seules victimes, nous pourrions donner satisfaction à notre paresse, « la vilaine bête accroupie dans les cœurs », dont parle T. Combe (1). Mais si, au contraire, nous avons charge d'âmes, *laisser courir* a une bien autre importance. C'est un plaisir qu'on ne peut plus se permettre, il implique de trop graves conséquences morales.

*
* *

Les empreintes reçues dans la jeunesse sont parfois indélébiles. Quand un professeur, homme ou femme, sait frapper, en bien ou en mal, l'imagination de ses élèves, les notions qu'il leur donne s'effacent lentement, quand elles s'effacent. Dans la maturité de la vie on retrouve en soi des idées, des impressions, des sentiments à la source desquels on peut re-

(1) Auteur suisse très connu par ses ouvrages contre l'alcoolisme.

monter ; cette source est l'enseignement reçu. Il existe, paraît-il, au Japon, pour les officiers, des écoles d'hypnotisme où on les entraîne au courage et au patriotisme héroïque. Cela nous semble étrange, mais au fond tous les instituts d'éducation, que sont-ils, sinon des applications hypnotiques inconscientes ? Une suggestion, en effet, s'exerce presque toujours du professeur à l'élève.

Du reste, dans tous les rapports humains, on agit plus par la pensée que par la parole; dans l'enseignement, ce phénomène se produit avec une force singulière. Certains éducateurs n'auraient même plus besoin de parler pour se faire entendre. On répondra que seuls les êtres exceptionnels peuvent exercer une action de ce genre, et qu'ils sont rares dans l'école. D'abord ce n'est pas juste, il y en a plus que l'on ne croit, et puis, logiquement, où les chercher ailleurs ? Ceux à qui l'État et la famille confient les citoyens de l'avenir ne devraient-ils pas être la ruche où les meilleurs sucs d'une nation s'élaborent ?

Par conséquent, il faudrait que les instituteurs et les institutrices représentent ce que le pays possède de meilleur et de plus sain, et ne se recrutent pas parmi les gens de culture et d'éducation médiocres. Probablement, dans l'avenir, ces fonctions, aujourd'hui modestes, seront recherchées comme un honneur par les hommes et les femmes que la confiance publique appellera à les remplir. En attendant que cette transformation s'accomplisse, notre devoir à tous est d'honorer — on ne saurait assez insister sur ce point — ceux et celles qui, dès aujourd'hui, sont conscients de la grandeur de leur tâche.

*
* *

L'influence d'un précepteur et surtout d'une institutrice compréhensive sur le développement de ses élèves est énorme. Si les jeunes filles, à certains moments de leur vie, donnent des espérances qui, après leur entrée dans le monde, s'abattent piteusement vers le sol, comme un vol d'hirondelles chassé du ciel par la pluie, à qui en revient le mérite ? Aux femmes dévouées et intelligentes qui ont su découvrir et faire jaillir les sources des âmes juvéniles qui leur étaient confiées. Si ces âmes tombent ensuite dans des mains frivoles, qui les dévoient, la responsabilité n'en remonte pas aux éducatrices, mais aux mères (1).

(1) Voir le chapitre : *les Parents*.

L'influence de l'institutrice privée s'exerce plus prépondérante encore que celle de l'institutrice publique, car elle suit son élève toute la journée et partage son existence. Il est vrai que son enseignement est parfois contrarié par celui de la famille ; il lui faut du tact et du *pluck*, pour lutter contre les tendances du milieu où elle se trouve, et les vaincre. Quelques-unes fléchissent ; d'autres, plus fortes, plus fines, arrivent à étendre leur influence au delà de leurs élèves. Mais ce sont des cas rares. En général, elles se bornent à modeler ou à refondre, en bien ou en mal, le caractère de celles qu'on leur confie. Je dois dire qu'en général c'est plutôt en bien.

Si elles ont l'âme sérieuse, elles marquent l'esprit des jeunes filles d'une empreinte contre laquelle, plus tard, la mère entrera en lutte. Si elles l'ont futile et trouvent un terrain favorable, elles exercent une influence dissolvante. Je connais une femme qui a traversé bien des vicissitudes, et qui, pourtant, n'a jamais pu oublier les enseignements que lui avait donnés une institutrice frivole et conventionnelle. Dans ses moindres gestes, dans sa tenue physique et morale, dans sa façon d'évaluer les gens et les choses, elle continue à lui obéir aveuglément, souvent même au détriment de sa santé, de son repos, de son plaisir, et surtout de son bonheur ! L'éducatrice est morte depuis longtemps, mais son ombre s'étend toujours sur la destinée de son élève, décolorant et rétrécissant son horizon, l'empêchant de se délivrer d'habitudes mentales, dont elle est assez intelligente pour discerner l'absurdité. On peut dire que cette influence rétrospective a ruiné une vie, car elle s'est exercée dans les moments les plus inopportuns.

Ce pouvoir suggestif qu'elle exerce, rend très difficile et délicat le choix d'une institutrice, et il faudrait faire de celles-ci un corps d'élite qui serait revêtu d'une grande dignité. Or c'est le contraire qui arrive, et il est effrayant de constater avec quelle imprudente facilité les parents introduisent sous leur toit des personnes médiocres et vulgaires, pourvu que leur réputation de bonnes mœurs soit intacte, comme s'il suffisait de ne pas avoir connu les passions, pour bien élever des enfants et leur apprendre à donner leur mesure !

Dans les internats, l'influence des instituteurs et des institutrices s'exerce plus fortement encore, la famille absente ne pouvant la contrebalancer. Les enfants sont livrés sans contrôle à une direction contre laquelle, pendant de longs mois, il n'y a pas de recours possible. Avec les idées modernes, ce système, sauf pour certaines études spéciales, finira par disparaître. Pourtant, il offre, dans certains cas, de réels avantages. Il existe des parents, incapables, ignorants, corrompus qui sont d'un mauvais exemple perpétuel pour leurs enfants; il y a des familles où de déplorables luttes intimes sont le spectacle de chaque jour. Élevés dans de pareils milieux, que peut-on attendre des hommes de l'avenir? Les internats représentent, pour cette catégorie de malheureux, prédestinés aux égarements par les milieux d'où ils sortent, une chance de salut. Elle disparaîtra si on les supprime. Et pourtant, que de périls redoutables ils renferment. Même si la direction est bonne et sage, il y a les maîtres, les camarades... Combien de crimes impunis s'y commettent, combien d'esprits s'y dévoient, combien de cœurs s'y vicient! Pour échapper à ces embûches inévitables, il faudrait avoir été cuirassé d'avance par la famille qui, d'ordinaire, n'y pense pas. Les parents qui lancent leurs enfants dans ces agglomérations d'êtres, font preuve d'une extraordinaire confiance ou d'une étrange légèreté.

Les maisons religieuses, malgré tout ce qu'on peut dire contre elles, sont encore préférables aux instituts laïques ; le jour seulement où l'enseignement sera considéré comme une mission, et non choisi comme un simple gagne-pain, et souvent même un pis-aller, ceux-ci pourront prendre le dessus. Jusqu'ici la conscience des instituteurs et institutrices laïques n'a pas été réellement formée. En certains pays surtout, ils avouent cyniquement leur manque d'intérêt pour l'enseignement qu'ils donnent.

Les enfants élevés dans les internats, ou qui ont des instituteurs ou institutrices privés, représentent une minorité ; le plus grand nombre fréquente les écoles publiques ou les externats, ce qui est certainement le système le plus normal, pour peu que le milieu familial soit intelligent et paisible. Les contacts avec le monde extérieur sont suffisants pour préparer à la vie, et en même temps l'influence du dehors peut être combattue, dans ses mauvais côtés, par celle du dedans. Cependant, même dans ces conditions, le pouvoir suggestif du maître est immense, et les parents ne devraient jamais cesser de suivre attentivement les évolutions que subissent l'âme et l'esprit de l'enfant.

Suivre, se rendre compte ! C'est le remède à tous les maux, et c'est ce que nous nous refusons à faire par insouciance, par inconscience, absorbés par la vie automatique de chaque jour. Essayer d'arriver à une vue claire des choses serait le premier devoir des parents et des éducateurs. La plupart d'entre eux, au contraire, agissent et se dirigent en aveugles, et si on leur demandait les mobiles de leurs paroles, de leurs enseignements, de leur ligne de conduite, ils seraient fort embarrassés de répondre. Fatalisme, dira-t-on, confiance en Dieu, essaieront de murmurer quelques-uns. Quelquefois, peut-être, mais en général, c'est simple incohérence, paresse, habitude de ne pas réfléchir, de ne pas faire d'examen de conscience, de ne pas envisager en face ses responsabilités. La confiance en Dieu revêt d'autres formes ; on ne peut s'y méprendre : elle est faite de prières et non de légèreté. Aucune comparaison n'est possible entre cet état d'âme spécial, qui consiste à remettre toutes choses aux puissances invisibles et supérieures et la vision très incomplète de leur mission, qu'ont souvent même les parents tendres et les éducateurs honnêtes. Ces derniers, en général, ne semblent pas se douter de l'immense répercussion qu'ont leurs paroles, leurs actes, leurs attitudes... La plupart d'entre eux, en tout cas, sont parfaitement inconscients du privilège qu'ils possèdent : « Quelle tâche bénie que celle de l'éducateur ! Malgré ses soucis, ses fatigues, ses désillusions, elle réserve des joies intenses à ceux qui s'y consacrent de tout leur cœur et de toute leur âme, » écrivait Georges Butler. Combien d'éducations, au contraire, ne voient dans leur tâche qu'une corvée dont ils ont hâte de se libérer !

*
* *

J'ai dit dans un autre livre que ceux qui ne sentent et n'aiment pas la nature ne sauront jamais être de bons éducateurs. Cela paraît un paradoxe, et tout au plus admettra-t-on la nécessité de ce sentiment dans les leçons de littérature et d'art. Mais pour le reste, dira-t-on, à quoi peut servir l'amour de la nature, de la beauté, de l'harmonie ? Comme je l'ai écrit dans un précédent chapitre (1),

(1) Voir le chapitre : *Chercheurs de sources.*

l'imagination éclaire tout, facilite tout ; sans elle, l'enseignement est plat, incolore, pédant... Il faut, pour être efficace, qu'il ouvre des horizons ; or, comment accomplir cette tâche, si on n'a pas soi-même l'esprit ouvert ? La masse est médiocre, répondra-t-on, et des médiocres suffisent à l'instruire. Mais sait-on si, dans cette masse, il n'y a pas des cerveaux qu'une intelligente culture tirerait peut-être de la médiocrité, dans laquelle on les maintient, on les enfonce...

Si les hommes sont souvent indifférents, négligents, cyniques même, dans l'accomplissement de leur tâche, les femmes y font preuve, parfois, d'une légèreté incroyable. Leurs dons naturels les porteraient cependant à être des éducatrices de premier ordre. Déjà nous en avons d'admirables qui peuvent servir d'encourageant exemple. Mais ce qui nuit aux femmes, dans l'enseignement comme ailleurs, du reste, c'est qu'elles aiment rarement les choses en soi, elles les font pour des raisons autres que la chose elle-même. Ainsi le directeur d'un laboratoire scientifique, où plusieurs jeunes filles travaillent, me disait récemment : « Elles sont assidues à l'étude, arrivent à l'heure exacte, montrent une patience méritoire dans les recherches, mais elles ne vont jamais au delà, cet au delà qui est tout dans la science. A peine ont-elles obtenu la place qu'elles convoitent ou gagné le prix d'un concours, leur zèle se ralentit, et pour peu qu'un mariage, même médiocre, se présente, elles lâchent avec joie tous leurs instruments de travail, n'ouvrent plus un livre et oublient ce qu'elles ont appris ! »

Je veux croire que les couleurs de ce tableau sont un peu poussées, mais il est certain que le travail intellectuel représente, pour les femmes, un but à atteindre, et, en général, une nécessité économique, plutôt qu'un goût réel pour la science et la culture. Si ce goût existait, on verrait les femmes riches, dont l'existence est assurée, se consacrer à l'étude, à la lecture... Cela se rencontre rarement ; les plus sérieuses préfèrent l'action, le mouvement, ce qui les éloigne de chez elles, les met en contact avec autrui. Ceci prouve que le cerveau de la femme est encore rebelle à la méditation, à la concentration, à l'abstraction... Il ne fait guère d'efforts qu'en vue d'un résultat positif à atteindre.

Cette paresse du cerveau féminin se manifeste également dans le corps enseignant, et si l'influence des éducatrices, déjà si grande, ne s'exerce pas plus prépondérante encore, il faut en chercher la cause dans la répugnance naturelle des femmes pour le travail mental et solitaire. Or, pour bien enseigner, il faut être arrivé, comme culture, à un degré supérieur à celui de ce qu'on enseigne ; les femmes devraient s'en persuader. Elles répondront que les hommes méritent les mêmes reproches, et elles auront raison en partie. Cependant, il y a des savants dans le professorat (1), des savants modestes qui travaillent et étudient pour le plaisir de savoir, sans l'ambition de parvenir. Connaît-on beaucoup de savantes désintéressées ?

Il serait d'autant plus désirable de pousser les femmes qui enseignent à étendre leur culture, qu'elles pourraient trouver dans cette voie un sérieux avenir, leurs dons de persuasion et d'intuition les mettant en mesure de frapper l'imagination et le cœur de l'enfant et de l'adolescent. Elles pourraient faire jaillir les sources. La plupart n'y songent guère aujourd'hui. Il y a beaucoup d'insupportables pédantes qui,

---

(1) Je parle, bien entendu, des écoles primaires et secondaires.

magnifiant le peu d'instruction qu'elles possèdent, s'imaginent être des femmes supérieures ; il leur suffirait de s'instruire davantage, pour comprendre la réalité de leur ignorance. Il y a d'autres femmes pour lesquelles l'enseignement représente un gagne-pain quelconque ou un moyen de s'élever sur l'échelle sociale, et qui apportent à l'accomplissement de leur tâche une frivolité étonnante. Orientées autrement, elles auraient été tout aussi bien choristes, comparses dans un théâtre ou mannequins.

Si, par contre, on constate les miracles obtenus par une institutrice dont la vocation est véritable, on demeure émerveillé de ce que les femmes savent réaliser en ce genre. Une culture supérieure intellectuelle et morale pourrait faire d'elles, je le répète, d'admirables chercheuses de sources, mais il faudrait les recruter dans ce qu'une nation possède de meilleur et de plus élevé comme pensée, esprit, manières... Madame de Maintenon régna sur l'âme de Saint-Cyr par ses grandes façons.

*
* *

Les sources abondent, c'est la baguette de

coudrier qui manque! M. Guizot a dit très justement que nous avons en nous des facultés qu'une seule existence ne suffit pas à développer (1). En effet, nous sentons souvent que des voies, différentes de celles que nous suivons, auraient pu s'ouvrir devant nous et correspondre tout aussi bien, et mieux peut-être, à nos tendances et à nos capacités. Les théosophes se résignent, en pensant qu'ils réaliseront ces forces dans une autre incarnation. Ceux qui ne croient pas à de futures existences terrestres soupirent et disent : « c'est dommage »; et s'ils ont du sens commun, ils ne se consument pas en regrets stériles. Quelques-uns, car la race des Icares n'est pas perdue, se jettent avec fougue dans de multiples entreprises, touchent à tout, se mêlent de tout, et, voulant ravir le feu du ciel, n'arrivent même pas à en retenir une étincelle !

Mais le fait de sentir en nous tant de possibilités diverses, que nous ne parvenons pas à réaliser, prouve l'existence de sources vives qui, découvertes à temps et bien canalisées, pour-

---

(1) Il y a, pour les créatures humaines vraiment distinguées, plus d'une destinée possible, et elles portent en elles des puissances qu'une vie humaine, toujours si étroite, n'éveille et ne développe point. (Guizot.)

raient activer l'évolution humaine et rendre l'homme conscient des forces inconnues qu'il détient en lui et qu'il n'a pas encore appris à discerner et à manifester.

Je crois fermement que la bourrasque dévastatrice qui souffle, en ce moment d'un bout de la terre à l'autre, ne durera pas et que, lorsqu'elle se sera dissipée, un avenir meilleur luira pour l'humanité. Quand toutes les forces bonnes, aujourd'hui éparses et inconscientes d'elles-mêmes, se seront reconnues et coalisées, une grande partie des tristesses qui assombrissent l'heure présente disparaîtra; un souffle purificateur passera sur le cœur des hommes, et ils apprendront à se désaltérer aux eaux fraîches. Mais, pour y arriver, ils doivent aimer et approfondir la nature, écouter ses voix et chercher en eux-mêmes l'empreinte du divin, que les basses passions de la vie factice effacent, et que l'ange de la pitié vient chaque jour dessiner à nouveau dans leurs âmes.

Leur montrer cette empreinte, et ouvrir leurs oreilles aux hymnes que la nature chante au soleil et aux étoiles, est la tâche des chercheurs de sources, et ces chercheurs de sources devraient être surtout les éducateurs. Si ceux-ci comprenaient leur mission, il n'y aurait même plus besoin de lois nouvelles ni de courants d'opinion publique, pour élever leur situation; elle grandirait immédiatement et s'imposerait au respect général.

CHAPITRE IV

LES RENCONTRES

> Celui qui garde son âme
> veille sur sa voie.
>
> (*Proverbes.*)

L'homme subit la triple influence de l'hérédité, du milieu, de l'éducation : une quatrième, celle des rencontres, représente dans sa destinée morale la part du hasard.

Ce mot redoutable de hasard, dont la signification nous échappe, qui peut, tout aussi bien, signifier la mise en action des forces divines que des forces pernicieuses, et sous lequel se cachent les causes inconnues dont notre vue bornée ne perçoit que les effets, est dans la bouche des créatures humaines synonyme d'ignorance. Mais il pèse lourdement sur leurs vies, par l'inattendu qu'il y amène.

Avec quelle légèreté nous prononçons d'ordinaire ces trois syllabes : rencontres, et quelle mince importance nous leur donnons dans notre esprit ! Pourtant, chacun de nous peut, en remontant le cours de son existence passée, discerner la large part qu'elles ont eue sur ses malheurs ou ses joies, ses déboires ou ses succès. Elles produisent, en outre, dans les vies, des répercussions prolongées dont nous ne nous rendrons compte que le jour où, devenus conscients, nous saurons rattacher tous les effets à toutes les causes.

En général, les relations des hommes entre eux ne sont pas le résultat de rencontres fortuites ; elles se recrutent dans la famille et le milieu où l'on vit, et il est facile, plus ou moins, de présumer le rôle qu'elles joueront dans le développement du caractère, du cœur et de l'existence de chacun. Bien que leur influence puisse être considérable, elles se rattachent à d'autres catégories de faits moraux ; ce qui m'occupe, c'est le choc imprévu d'esprits et d'âmes que les hasards de la vie mettent soudainement en présence.

⁂

La plupart des rencontres sont, en apparence, insignifiantes, et rien n'avertit l'homme qu'un élément nouveau est entré dans la formation de son être. Quelques-unes, par contre, frappent immédiatement l'esprit, en dehors de toute impression de sympathie ou d'antipathie. Nous sentons qu'un changement est survenu dans notre vie et que le lendemain ne sera plus semblable à la veille. Chez les êtres intuitifs, la sensation est si vive qu'ils se disent dès le premier contact : « Une force dirigeante est entrée en moi. » Même s'ils ne peuvent préciser son caractère, ils devinent que ce nouvel élément pèsera sur leur destinée ou sur leur évolution.

L'effet des rencontres varie suivant les âges ou le degré de développement intérieur de chacun. Dans l'enfance, il est violent, mais passager, et des parents ou des éducateurs attentifs et avertis peuvent l'annuler ou l'amoindrir par une sage et intelligente surveillance. Dans l'âge mûr, les impressions n'ayant plus la même vivacité, les hommes se trouvent moins exposés aux influences ; ils peuvent les exercer plus qu'y obéir. C'est dans la première et la seconde jeunesse qu'ils sont surtout sensibles aux forces qui émanent d'autrui ; le prestige qu'ils subissent prend souvent la forme de l'amour, et comme cette forme est troublante entre toutes, on lui attribue, à tort peut-être, la plus puissante des influences morales.

Il est certain que l'attraction qui pousse les hommes et les femmes les uns vers les autres, même si elle se réduit à une simple émotion sensuelle, modifie pour un temps leur façon de sentir et de penser. Quand l'émotion est durable et que les forces morales et intellectuelles rivent les deux bouts de la chaîne, l'influence de la rencontre s'exerce d'une façon vraiment prépondérante sur la vie et le caractère ; mais j'ai connu des gens très amoureux qui n'avaient aucun pouvoir l'un sur l'autre : si la passion, la tendresse les faisaient céder aux désirs et aux volontés de la personne aimée, leur moi restait, au fond, intangible.

Les êtres forts ou les faibles orgueilleux qui ont honte de leur manque d'énergie, se laissent difficilement influencer par l'amour, tout en lui permettant de bouleverser leur vie par les entraînements qu'il provoque. Des hommes et des femmes restent jalousement attachés à leurs idées et combattent avec obstination celles du compagnon ou de la compagne pour qui ils abandonneraient cependant, sans hésiter, famille ou situation ! C'est qu'au fond, dans l'amour, il y a toujours un conflit latent et que les amants sont des adversaires déguisés. Et c'est seulement quand cet antagonisme cessera, que le type de l'union véritable pourra se réaliser.

Dans le mariage, fruit, lui aussi, des rencontres, ou dans les longues liaisons qui en ont pris les allures, l'influence peut devenir immense, par l'effet de l'habitude et de la cohabitation, et souvent ce n'est pas le meilleur ou le plus intelligent qui modifie les idées de l'autre. La banale figure de la goutte d'eau qui finit par ronger la pierre s'applique ici merveilleusement. On a vu des hommes distingués d'intelligence ne plus penser par eux-mêmes, mais penser à travers le cerveau borné et vulgaire de la femme avec qui ils vivaient. On en a vu d'autres, naturellement probes et honnêtes, cesser de l'être, à l'instigation, parfois inconsciente, de leur compagne. Ce sont là des cas extrêmes, mais il est certain qu'une longue habitude (1) est plus puissante que la

---

(1) L'effet le plus général de l'habitude est d'enlever toute résistance, de détruire tout frottement ; c'est comme

passion. Celle-ci centuple les énergies, vivifie les idées (je parle, bien entendu, des cas où les personnes mises en présence ont quelque valeur) et rend les individus moins malléables, plus conscients de leur façon de penser. Lorsqu'au contraire l'indifférence a remplacé l'amour, l'être, devenu moins vibrant, subit plus facilement la pression des esprits qui l'entourent.

Ainsi tel homme marié, follement amoureux d'une autre femme, belle, exquise, d'une intelligence supérieure, dont il sentira vivement le prestige, sera souvent moins influencé par elle que par sa propre femme, qu'il abandonne, qu'il n'admire plus, mais à qui il est lié par l'habitude mentale et le joug des intérêts communs. Par conséquent, les rencontres qui peuvent conduire au mariage sont parmi les plus redoutables. Elles devraient être envisagées comme un événement très grave, et la légèreté avec laquelle nous les considérons en général, sera sans doute jugée dans l'avenir comme une inconséquence touchant de près à la folie.

Les amitiés qui se forment dans la jeunesse,

une pente où l'on glisse, sans s'en apercevoir, sans y songer. (Maine de Biran.)

par l'effet d'une rencontre avec un camarade d'université, un voisin de bureau ou une personne quelconque, exercent également une influence qui peut bouleverser une mentalité, lui donner une direction nouvelle, changer l'avenir que l'éducation reçue lui avait préparé. Parmi ces influences, il en est d'heureuses et de perfides ; les plus nombreuses tendent simplement à nous rendre plus médiocres.

Nous sommes tous malades de paresse ; notre esprit, surtout quand il est en formation, éprouve des fatigues d'un genre spécial. Il est comme las de s'être tenu trop longtemps dressé et tendu ; c'est l'heure où les hommes médiocres, mais doués de volonté, prennent possession des âmes. Celles-ci trouvent une sorte de repos dans ces contacts, qui n'exigent aucun travail intellectuel, et donnent une sensation de supériorité qu'on peut maintenir sans effort d'aucun genre. C'est là le secret de beaucoup d'amitiés inexplicables. Elles ont encore une autre cause : peu recherchés d'ordinaire, les médiocres s'attachent plus facilement. Une femme à qui l'on reprochait de mal choisir ses amis, même ses amis très intimes, répondit : « Que voulez-vous ? J'aime avant tout les gens qui m'aiment, ils font tout le chemin, c'est plus commode ! »

En ce cas, aussi la cause du phénomène doit être cherchée dans ce besoin de vie inconsciente qui nous tient tous, qui nous donne, lorsqu'il est satisfait, une sensation de repos, et pour lequel, peut-être, nos organes étaient faits avant que la curiosité d'Ève ne nous eût ouvert l'esprit à la science du bien et du mal. La vanité caressée a aussi sa part dans cette influence des médiocres, mais c'est une part minime, au fond, cette passion poussant volontiers les hommes à rechercher ce qui leur est supérieur. Il est vrai qu'il s'agit surtout de supériorité sociale et mondaine.

Après les médiocres viennent les méchants. Ceux-ci ont toujours besoin d'acolytes pour satisfaire leurs mauvais penchants ; ils recherchent avidement les relations et ne perdent aucune occasion de prendre de l'ascendant sur l'esprit des autres. L'activité du mal est incessante ; il développe les énergies d'une façon prodigieuse, il s'impose, il triomphe... Triomphe passager, il est vrai, mais qui pendant qu'il dure, égare beaucoup d'âmes. Il est inutile d'énumérer les effets des amitiés de ce genre, ils sont trop connus. Que de médiocres Faust, ont été les victimes de petits Méphistophélès !

Une heureuse rencontre peut avoir, au contraire, une influence fécondante sur le développement des êtres jeunes. Quand deux intelligences et deux cœurs honnêtes s'attachent l'un à l'autre, c'est un enrichissement subit. Sans trop reculer dans le passé, certaines correspondances du dix-neuvième siècle, publiées récemment, et échangées entre gens destinés, plus tard, à faire leur place dans le monde, prouvent à quel point certaines amitiés ont été un perpétuel encouragement intellectuel, un générateur d'enthousiasme et aussi un frein moral.

Quelquefois l'amitié s'établit entre gens d'âge différent. C'est plus rare, mais cela existe. En ce cas, évidemment, la personne qui a le plus d'expérience influence l'autre, surtout si elle possède, au point de vue intellectuel, une valeur réelle, reconnue ou non. Souvent ces rencontres n'ont, en apparence, qu'un effet passager ; la jeunesse de l'un le jette dans des voies qui ne croisent plus celles de l'autre, mais cependant, comme rien ne se perd en ce monde, toute influence subie laisse une empreinte. Bonne ou mauvaise, la trace demeure. N'y a-t-il pas quelque chose d'effrayant dans cette répercussion continuelle du son rendu par le contact de deux esprits ? C'est comme un écho qui ne mourrait jamais.

*
* *

Que les rencontres aient pour résultat l'amour, le mariage, la complicité ou l'amitié, il faut les considérer comme de sérieux événements, puisqu'elles modifient la personnalité humaine. L'influence qu'elles exercent procède généralement d'une attraction des cœurs, des sens et de l'intelligence; si elle est médiocre ou perverse, nous la subissons par simple paresse ou par vanité. Mais toutes les influences qui se rattachent aux sources que nous venons d'énumérer, ne sont ni les plus importantes ni les plus dangereuses.

Il en existe d'autrement subtiles dont il est impossible de pénétrer le secret, et qui s'exercent toutes puissantes sur notre mentalité : le cœur, les sens, l'admiration, l'indolence ou la vanité n'y entrent pour rien ! Elles sont parce qu'elles sont. Si, doué d'une faculté de vision rétrospective, l'homme devait déclarer, à la fin de sa vie, quelles personnes ont le plus contribué à la formation de son être, il ne nommerait peut-être ni celles qu'il a le mieux aimées, ni celles dont il a reçu la plus grande somme d'affection.

Ces influences mystérieuses, pour passagères qu'elles paraissent, marquent les âmes d'une empreinte ineffaçable, car elles s'adressent aux forces cachées et ignorées sur lesquelles la volonté n'a pas de contrôle direct. Aucune intimité n'est nécessaire, ni de fréquentes entrevues ; semblable à un courant électrique une fois établi, cette main-mise d'un esprit sur l'autre n'a pas d'autres coefficients. Elle existe. Souvent l'être qui domine ne connaît pas son empire ; inconscient de son influence, il ne peut pas la circonscrire.

J'ai connu une personne qui, sans s'en douter jamais, exerça un ascendant considérable sur plusieurs de ceux qui l'approchaient. Lorsqu'elle s'en rendit compte, son affliction fut grande ; elle craignait les responsabilités, et l'idée de provoquer chez les autres une excitation et une exaltation capables de les pousser à de dangereuses expériences, la poignait indiciblement.

Une amie lui ayant dit un jour dans une heure de détresse morale : « Toutes les sottises que j'ai faites, c'est à toi que j'en suis redevable, » elle s'écria, stupéfaite et indignée : — « A moi ? A moi qui ne t'ai jamais donné que de sages conseils ? » — « C'est vrai ! » — « Eh bien alors ? » — « Je ne puis t'expliquer, mais toutes les fois que je te voyais, j'avais la fièvre, une fièvre intense... »

La révélation fut douloureuse et se renouvela d'autres côtés.

— Vous communiquez la fièvre !
— Mais si je ne l'ai pas moi-même ?
— C'est égal, vous la donnez !

Ces mots l'affligeaient ; cette force inconnue qu'elle ne pouvait diriger, ne la connaissant pas, la troublait, lui donnait une sorte de peur d'elle-même. Arrivée à un degré d'évolution supérieur, elle aurait probablement exercé avec intelligence cet ascendant et s'en serait servie à son choix, pour le bien ou le mal. Mais elle était jeune, elle n'avait pas essayé encore de devenir consciente, et elle agitait les âmes sans le savoir, ni le vouloir. Née dans une période révolutionnaire ou de luttes religieuses, elle aurait pu utilement enflammer les âmes ; les enflammant en temps de paix, elle aidait simplement à les dévoyer. Cependant elle fit quelque bien, sans s'en douter non plus, à des âmes bonnes, instinctivement nobles, mais un peu molles, qu'elle tira de leur apathie.

Cette force magnétique qui s'exerce à tort et à travers, parce que ceux qui en disposent ne la connaissent pas, est un don effrayant. Augmenter les énergies des passionnés, des égoïstes, des ambitieux, c'est décupler leurs possibilités d'agir au détriment d'autrui, de se jeter dans de folles entreprises ou de courir de périlleuses aventures. Ils auraient besoin, au contraire, d'être ramenés au calme, à l'équilibre... Mais pour donner à chaque être la boisson qui lui est salutaire, il faudrait posséder ce discernement complet qui procède surtout du développement de la conscience. Par conséquent, connaître autrui et se connaître soi-même, c'est-à-dire connaître les forces dont on dispose, serait de nos jours, quoi qu'en dise Carlyle (1), l'essentiel et l'indispensable.

Dans l'ordre physique, l'homme sait à peu près se guider; à un mets trop poivré, il n'ajoutera pas d'épices, pas plus qu'il n'enlèvera ses vêtements, les jours de froid. Dans l'ordre moral, au contraire, il agit en aveugle, il

(1) *Past and Present.*

ajoute là où il faudrait retrancher, et retranche là où il faudrait ajouter, non seulement quand il obéit à des forces mystérieuses, mais aussi quand il agit volontairement et directement, et il se charge ainsi de lourdes responsabilités. Mais ceci est d'un autre ordre, revenons à ces ascendants singuliers et inexplicables dont les effets ne peuvent être prévus.

*
* *

Évidemment, la plupart des rencontres que l'on fait dans la vie n'ont, je le répète, aucune portée. On se croise, on s'arrête, on se regarde, des rapports se nouent, puis tout s'efface. Comme dans un cinématographe, des figures nouvelles apparaissent, qui chassent les anciennes, et, sauf dans les cas où il y a amour, mariage ou amitié, il ne reste que peu de chose de ces brefs contacts. D'autres fois, par contre, toute notre vie morale en est modifiée ; la semence, inconsciemment jetée germe et fleurit.

L'indifférent qui n'a excité en vous ni sympathie, ni hostilité, prononce des mots que vous ne pouvez oublier. Ces mots, vous les avez déjà entendus sortir d'autres bouches, et ils ont glissé sur votre conscience. Aujourd'hui ils la marquent d'une façon indélébile. Éloigné de cette personne, peut-être même brouillé avec elle, sa pensée pèse de loin sur la vôtre, vous ne pouvez vous empêcher d'être préoccupé du jugement qu'elle porterait sur vos actes, si elle les connaissait, et vous vous sentez pour ainsi dire forcé de ramener votre manière de voir à la sienne ou de vous demander pourquoi elle est différente. Et pourtant cet être ne vous est nullement cher ou a cessé de vous être cher ; souvent vous ne l'estimez pas, et il n'excite sur aucun point votre admiration ; mais il vous hante toujours, et cette hantise modifie lentement votre âme.

Ces ascendants étranges semblent parfois passagers. De nouveaux courants les détruisent, ou ils sont remplacés par d'autres. Ce dernier cas est plus rare, car il n'arrive pas à toute minute, dans la vie, que deux natures, dont l'une peut magnétiser l'autre, se rencontrent. C'est bien plutôt le tourbillon de l'existence extérieure et automatique qui libère apparemment l'esprit suggestionné. Cependant, ne l'oublions pas, les impressions de ce genre sont ineffaçables, même si une réaction s'est faite contre elles dans notre esprit.

Au fond, tout s'enchaîne dans le mystère où nous vivons, et il est difficile de soulever l'un des coins du voile. Du reste, que faisons-nous pour cela (1) ? Nous laissons s'atrophier l'une des facultés qui pourraient nous y aider le plus. L'homme tue l'intuition sous le raisonnement et la logique, il a contre elle d'extraordinaires défiances, il rougit de s'en servir, comme si c'était un signe de faiblesse mentale. Au lieu de la développer, il s'efforce d'étouffer sa voix, car souvent cette voix le gêne, elle l'avertit de se défier des choses et des personnes qui l'attirent; ses sens et sa vanité bouchent, à l'envi, ses oreilles. Et pourtant, l'intuition seule pourrait le mettre en garde contre le mystérieux danger des rencontres, ce que toutes ses autres facultés sont impuissantes à faire, bien que La Bruyère prétende qu'il n'y a pas de rencontre « où la finesse ne puisse et peut-être ne doive être suppléée par la prudence ».

(1) Je ne parle pas, bien entendu, des recherches scientifiques qui n'ont jamais été poussées aussi loin que de nos jours.

*
* *

Les femmes, en général, possèdent beaucoup plus d'intuition que les hommes ; c'est même leur qualité maîtresse, et elles ont moins honte de s'en servir. Mais elles, non plus, ne tirent pas de ce don spécial tout le parti possible. Décorant du nom d'intuition leurs petits préjugés et leurs antipathies secrètes, elles enlèvent au mot et à la chose son prestige et son autorité. Lorsqu'une femme n'a pas envie de remplir un devoir ou de se déranger pour rendre un service, elle dit volontiers qu'un instinct l'avertit de s'en abstenir ; et elle emploie le même argument en sens contraire, pour légitimer ses moindres désirs. Cette déplorable habitude de la feinte vis-à-vis de soi-même et des autres enlève toute valeur aux intuitions féminines. Même quand elles sont réelles, ceux qui devraient en tenir compte haussent les épaules. Quand une mère, une sœur, une femme disent à leur frère, à leur fils, ou à leur époux : « Ne fais pas d'affaires avec telle personne, ne te fie pas à telle autre, abandonne telle entreprise, » l'homme, en général, sourit, sceptique, car il a tellement entendu ce mot d'intuition employé à justifier caprices ou indolence, qu'il n'y croit plus et se prive ainsi d'un secours utile.

Les études plus arides, la vie plus extérieure, le combat pour l'existence et l'habitude de la méthode expérimentale empêchent l'homme de laisser se développer en lui cette faculté, qui, du reste, est évidemment un don particulièrement féminin. Lorsqu'il promit de donner à l'homme « un aide semblable à lui », le suprême créateur de toutes choses a voulu sans doute entendre : « je donnerai à ta compagne un œil intérieur que tu n'auras pas, et, grâce à cet œil, elle pourra t'avertir des embûches du chemin, de celles que ton expérience ne t'a pas appris à discerner ».

Malheureusement la femme, d'ordinaire, ne se soucie guère de ce don ; elle aspire plutôt à l'étouffer, trop préoccupée d'être utilitaire pour s'appliquer à être intuitive. La vision intuitive demande du recueillement ; or, de nos jours, la femme refuse de se recueillir, elle veut avant tout jouir, se donner du mouvement, être dans le train... Ce besoin est devenu général dans toutes les classes. Les hommes qui se déclarent hostiles à l'instruction intégrale pour la femme, sous le prétexte que cela l'éloignera de son chez elle, m'amusent. Son chez elle ? Quand l'y trouve-t-on maintenant ? Et ce ne sont certes pas les études qui l'en éloignent, mais bien plutôt le vide de son esprit.

Toutes les femmes qui désertent leur *home*, qui envahissent les rues et tous les endroits où l'on se rencontre, le font-elles parce qu'elles veulent s'instruire ? C'est le contraire qui est vrai ! Plus une femme est ignorante, moins elle supporte sa propre société; la solitude lui est intolérable, elle a besoin du bruit de la rue, des magasins, des visites; et cela est naturel, car elle n'a rien pour peupler sa pensée. Les heures où les maris, les pères, les fils, les frères sont absents, comment les femmes peu cultivées les passeront-elles ? Elles sortent, et elles oublient de rentrer, et quand les hommes reviennent chez eux après le labeur du jour, ils trouvent d'ordinaire la maison déserte. Les plus droites, les plus dévouées veulent être des Marthes. « La meilleure part », celle de Marie, est méprisée !

Fermons la parenthèse et revenons à l'intuition. C'est certainement l'une des facultés les plus précieuses que Dieu ait données à la femme, mais, comme je l'ai dit déjà, la femme qui fuit le recueillement la perdra. Or, ce serait grand dommage, l'intuition étant, dans notre état actuel de demi-conscience, la seule force qui puisse prémunir efficacement l'homme contre le péril des influences subtiles et des ascendants magnétiques.

Une femme réellement intuitive, assez intelligente pour comprendre la valeur de cette faculté, et suffisamment « évoluée » pour se rendre compte de ses responsabilités, pourrait exercer sur son entourage un énorme ascendant et devenir réellement la gardienne du foyer et de la famille. Il y a quelque chose de sacré dans ce don, et c'est un sacrilège de l'étouffer.

Combien la terre changerait d'aspect et que de sottises seraient évitées, si les hommes écoutaient les voix intérieures, non seulement dans leur existence intime, mais dans leur vie politique et sociale ! Que de guerres malheureuses, de révolutions, de ruines auraient été évitées au monde, si les chefs des nations avaient su développer en eux-mêmes les facultés intuitives ou écouter ceux qui les possédaient.

Les sibylles de l'antiquité et les Mages de l'Orient n'étaient sans doute que des intuitifs. Pour frapper l'imagination des foules, ils s'entouraient d'un appareil théâtral.

> Sur son trépied divin, la sibylle inspirée
> Parle et se couvre encor d'une écume sacrée.

Mais la source de leur prescience était simplement l'intuition poussée à un haut degré, accrue par l'habitude de prêter l'oreille aux mystérieuses révélations de la nature et de l'âme. Devant les tableaux et les fresques des maîtres, qui reproduisent les figures des grandes sibylles, *Delphique, Persique, de Cumes* et d'*Érythrée*, il nous est permis de penser que leur connaissance du passé et de l'avenir — saint Jérôme croyait encore à leur caractère fatidique — (1) n'était pas due à des pratiques magiques, mais simplement à une faculté naturelle que beaucoup de femmes possèdent à un haut degré et qu'il dépend de leur volonté de développer ou d'atrophier.

Quand elles s'en privent en ne l'écoutant pas, elles peuvent être comparées à un soldat qui se dépouillerait de ses armes devant l'ennemi, car si Dieu a donné l'intuition à la femme, afin de la rendre indispensable à l'homme, il la lui a concédée aussi, comme un instrument de défense personnelle. Adam possède la force matérielle, Ève a reçu, pour sa part, le présent de l'âme révélatrice. Essayer de confondre les rôles serait une lamentable erreur.

(1) L'Église même, dans une de ses proses, invoquait autorité de la Sibylle : *Teste David cum Sibylla*.

Je voudrais dire à toutes les femmes : « Au lieu de tendre votre esprit à la recherche avide d'un luxe qui sert à déséquilibrer la société et la famille, développez en vous la faculté divine. Elle vous donnera plus de pouvoir que les élégances extérieures dont votre âme convoite la possession. Alors seulement vous n'aurez plus à craindre le mystérieux danger des rencontres, mais vous pourrez avertir ceux qui croisent votre route des contacts qu'ils doivent éviter. La sibylle écrivait ses oracles sur des feuilles de chêne qu'elle livrait ensuite aux vents. Répandez comme elle vos intuitions, ce don transcendant au moyen duquel, d'après Schelling, « l'intelligence saisit l'absolu dans son identité ». Mais hélas ! la plupart des femmes d'aujourd'hui sont réfractaires au recueillement, et les hommes rient volontiers de ce que les écrivains religieux appelaient jadis les « opérations intérieures de l'âme ».

*
* *

Dans la jeunesse, toute rencontre exerce un attrait sur l'imagination, et même plus tard dans la vie, les esprits curieux trouvent encore du plaisir à entrer en rapport avec des manifestations nouvelles de l'humanité. C'est un monde inconnu la veille qui s'ouvre à leurs yeux et les amuse. Pour beaucoup de gens même, les visages vus pour la première fois ont seuls du charme ; ceux qu'ils connaissent de la veille les ennuient déjà. Pour eux le monde est un cinématographe.

Ce goût du changement est un préservatif contre le danger des rencontres, car tout glisse sur ces esprits légers qui ignorent la puissance des communications intérieures. Au contraire, plus la vie d'une âme est intense, plus fortes sont les empreintes qui s'y marquent, et plus les rencontres peuvent être dangereuses. Mais comment les régler dans l'existence moderne, comment empêcher les contacts, aujourd'hui que les barrières ne servent qu'à exciter les curiosités et les désirs ?

Maeterlinck prétend que notre morale se forme dans notre raison consciente, et il y marque trois régions : le sens commun, le bon sens et la raison mystique ; cette dernière correspond à peu près à ce que j'appelle conscience et intuition, je ne m'y arrêterai donc pas. Quant au sens commun et au bon sens, ils sont indispensables à toute existence harmonieuse, car, sans eux, point de mesure, et la mesure est nécessaire à l'harmonie.

« Pour avoir la vie heureuse, dit le Brahme voyageur, il faut art, ordre et mesure. » Si l'humanité a besoin, pour progresser, de l'imagination et de la sensibilité (1), il est certain que la raison et ses dérivés, le sens commun et le bon sens, sont la pierre angulaire de l'existence quotidienne. Là où ils manquent, l'homme ne compte plus ses erreurs, ses égarements, ses sottises, car tous les rapports sociaux sont basés sur ce fond commun de sagesse.

Nous connaissons tous des gens excellents et non dépourvus d'intelligence, auxquels le discernement fait défaut. Ils embarrassent leur vie d'un tas de relations inutiles, compromettantes, dangereuses, non par générosité, par don Quichottisme, ou pour ne pas abandonner un ancien ami dévoyé, mais simplement parce qu'ils manquent de sens commun. Si un bon ange ne veille pas sur leurs rencontres, ils risquent de s'égarer très loin, sinon de tomber très bas.

Une force secrète semble les pousser à ne s'entourer que de personnes compromises

---

(1) Voir le chapitre : *Chercheurs de sources.*

auxquelles toutes portes sont fermées. Ils jouent le rôle de l'aimant pour les déracinés et les dévoyés. Certes, il n'y a rien de plus antipathique au monde que la recherche des relations utiles. Mettre en première ligne, quand on évalue les gens, l'intérêt qu'on peut retirer de leur fréquentation, indique une bassesse de vues répugnante; cependant, un certain discernement est indispensable à l'homme, dans le choix de ses relations.

Sans ce discernement, il risque de se mettre et de mettre les siens en contact avec des êtres nuisibles dont la réputation jette une ombre défavorable sur ceux qui les fréquentent et dont le contact est pernicieux. Il faudrait éviter à ceux qu'on aime l'occasion de faire, dans leur entourage direct, de mauvaises rencontres. Puisqu'on ne peut les enfermer dans un enclos ceint de barrières, il faut, du moins, essayer de ne pas mettre sous leurs yeux des exemples équivoques ou corrupteurs.

Certaines personnes possèdent le don de l'harmonie, qui est, en somme, le bon sens traduit en terme musical; sans raisonner, sans réfléchir, sans bassesse ni compromis, elles évitent les relations douteuses et créent autour d'elles une atmosphère saine et claire. Mais ce don est rare ; il faut à la plupart des gens un effort de raisonnement, un appel désespéré au sens commun, pour ne pas commettre les sottises imprudentes qu'ils sont parfois tentés de faire dans leurs rapports sociaux, pour peu qu'ils soient accessibles à la flatterie, et possédés du désir de la popularité.

Je tiens à le répéter, le snobisme sous toutes ses formes est l'une des pires tendances de notre époque, et ce n'est certes pas lui que je préconise, quand j'insiste sur le devoir de fuir les rencontres fâcheuses. A tous les degrés de l'échelle, il y a des gens à éviter et d'autres à rechercher, à cause de l'atmosphère morale qui semble émaner d'eux. Au fond, pour juger et apprécier les personnalités que la vie met sur notre route, c'est de l'air ambiant qui les entoure qu'il faut surtout tenir compte. Il est donc nécessaire d'enseigner à la jeunesse à rechercher et à bien choisir les atmosphères où elle doit évoluer ; celles-ci représentent, lorsqu'elles sont pures et claires, les véritables lettres de noblesse de l'homme !

Les expériences des uns ne peuvent malheureusement servir aux autres. Chaque âme doit parcourir des chemins difficiles et se heurter à certains écueils avant d'arriver à la lumière. « La vie est une sorte d'initiation qui sert à manifester dans l'homme l'être intellectuel et l'être moral (1) »; cependant, de combien de naufrages inutiles les âmes pourraient être préservées, si elles étaient mieux armées contre ce qu'on appelle, improprement, faute de savoir discerner les mystérieux desseins des forces divines, le hasard des rencontres !

(1) Ballanche.

CHAPITRE V

COUPEURS D'AILES

> Cet homme avait fermé mon cœur, coupé les ailes de mon rêve, étouffé les profondes aspirations de ma vie.
>
> Frédéric Soulié.

Parmi les rencontres nuisibles et inévitables que l'homme fait dans sa vie, l'une des plus ordinaires est celle des coupeurs d'ailes. On les trouve de haut en bas, dans toutes les catégories d'êtres, comme si le cœur de l'homme renfermait des forces perfides qui le poussent à décourager, à entraver, à ralentir les élans d'autrui vers le mieux et le beau. Ce ne sont pas seulement les imbéciles, les méchants, les envieux qui s'acharnent à empêcher les hauts vols, à tarir les zèles, à éteindre les flammes.

Ceux qui tiennent les ciseaux et l'éteignoir sont souvent des personnes intelligentes et respectables dont la petite barque a été honnêtement et habilement menée à travers les écueils du monde.

Du reste, nous avons tous été, à l'occasion, des coupeurs d'ailes. Les meilleurs d'entre nous n'en éprouvent pas de remords et s'en félicitent même comme d'un acte de raison qu'ils ont forcé les autres à accomplir. Ils ne se disent pas que des hommes-lumière se sont peut-être trouvés sur leur route et qu'ils ont contribué à étouffer sous la prudence de leurs paroles, le zèle d'un Paul, les découvertes d'un Newton, les aspirations d'un Mazzini.

La presse a l'habitude de désigner ironiquement, sous l'euphémisme de *Faiseuses d'anges*, certaines mégères sinistres. Nous nous indignons, rien qu'à les entendre nommer, sans penser que les coupeurs d'ailes sont coupables des mêmes crimes. Elles ont étouffé des vies, mais que d'apostolats, d'enthousiasmes, d'idées ils ont, eux, empêché de naître ! Or, tuer l'âme est, au fond, bien plus criminel que tuer le corps.

C'est au nom du sens commun, qui est l'élément essentiel de la vie familiale, sociale, politique, et la base des décisions raisonnables, — mais auquel on ne doit pas élever d'autel, car il est un Dieu médiocre, — que ces douceurs émérites accomplissent leur œuvre néfaste. Il faut avoir, je le sais, une intelligence large et équilibrée, pour se valoir des service du sens commun tout en évitant de décourager les âmes ardentes, éprises de vie supérieure et qui demandent à déployer leurs ailes.

.*.

Et d'abord qu'entend-on exactement par les mots coupeurs des ailes ? Pousser les autres à voir le côté mesquin et égoïste des choses me paraît la meilleure des définitions. Mais il ne faut pas enfermer l'idée dans la formule, car elle a des nuances infinies, et l'action qu'elle exerce peut être à la fois active et négative.

C'est cette seconde façon de couper les ailes que choisissent les personnes qui n'attaquent pas de front les mouvements généreux, mais qui en démontrent l'inanité par leur exemple et leur attitude. Tout élan d'enthousiasme ou d'indignation provoque sur leurs lèvres un petit sourire ironique, qui gèle et déconcerte; c'est, au moral, un drap humide tombant sur les épaules. Au fond, ce sourire est niais, car il est l'indice de la plus méprisable et de la plus sotte des vanités, celle de l'égoïsme, et pourtant son influence est immense.

Nous avons, tous, de l'amour-propre, et ceux qui échappent complètement à sa forme absurde, c'est-à-dire à la vanité, sont des *rara avis*, mais entre ceux qui en subissent d'intermittentes poussées, que le simple bon sens suffit à refouler, et ceux qui l'érigent en règle de vie, il y a d'énormes distances. Les vaniteux sont forcément des coupeurs d'ailes. Comment ne le seraient-ils pas ? Tout ce qui distrait l'homme de sa propre personne leur paraît du temps perdu. Bonnes œuvres, visites aux vieillards ou aux malades, services rendus, heures données à des gens dont le contact n'offre ni intérêt matériel ni intérêt de vanité, tout cela rentre dans l'absurde et l'inutile. Perdre des journées entières à s'occuper de toilettes, d'obligations mondaines, des petites recherches du *personnalisme* prétentieux, voilà, pour ces pauvres âmes, le vrai travail de la vie, le but de Dieu en créant l'homme !

Ces vaniteux sont tellement persuadés qu'ils sont dans le vrai, que parfois, en les voyant vivre et en les écoutant raisonner, on se demande si l'on est bien éveillé, tellement leurs paroles ont l'incohérence et l'illogisme de celles qu'on entend en rêve. On a beau ne leur accorder aucune valeur, elles exercent une action déprimante sur les natures faibles, qui se demandent, troublées : « Aurions-nous pris la route que les imbéciles parcourent ? » Et il leur faut se réchauffer au foyer des âmes ardentes et fortes pour reprendre leur équilibre.

Les coupeurs d'ailes qui appartiennent à la catégorie des vaniteux, sont ceux dont le contact est le plus redoutable, car ils ne mettent pas d'acrimonie dans leur rôle d'éteignoir ; il leur est naturel. De bonne foi, tout ce qui peut distraire de la contemplation de l'idole, c'est-à-dire de soi-même, leur semble puéril, et quand ils voient des gens s'enflammer pour une idée, ils trouvent la chose inepte et le montrent. Or, rien ne déconcerte et ne stérilise comme le dédain tranquille et souriant. Les attaques violentes, les oppositions acharnées ne font pas moitié autant de mal, car souvent elles provoquent une réaction salutaire qui redouble les forces des âmes qui luttent.

Si ceux qui laissent éteindre leur zèle généreux par les raisonnements des opportunistes, pouvaient suivre ceux-ci jusqu'à la fin de leur jeunesse, ils reculeraient épouvantés devant le champ aride qu'offrent leur cœur et leur vie. C'est tellement lamentable, qu'on croit traverser un des cycles de l'enfer. Des bornes, des bornes de tous les côtés ! Pas un bout d'horizon clair, pas de beaux souvenirs désintéressés ! Avant de couper les ailes des autres, ils ont coupé les leurs et restent à ras du sol. Leur jeunesse s'est enfuie ; pour la jeunesse actuelle ils ne représentent que des non-valeurs, et leur personnalité nue et sèche, qui ne s'est jamais élargie dans l'altruisme ou le culte des idées, s'amoindrit de jour en jour. S'ils sont inintelligents, ils ne se rendent pas compte de leur situation et s'usent dans la poursuite de plaisirs qui les fuient; s'ils sont intelligents et comprennent, il vaut mieux ne pas savoir ce qu'ils pensent, tant ce doit être triste et insupportablement douloureux.

Quand on voit les coupeurs d'ailes exercer avec succès leur métier destructeur, on voudrait arracher de leurs mains les malheureux qu'ils dépouillent de leurs meilleures sources de joies et en qui ils tuent le dieu intérieur.

Comme l'a si bien dit Pasteur : « La grandeur des actions humaines se mesure à l'inspiration qui les a fait naître. Heureux celui qui porte en soi un Dieu, un idéal de la beauté et qui lui obéit. » Tuer ces forces divines sous le sarcasme facile et le raisonnement utilitaire, est l'un de ces crimes ignorés qui échappent à la justice humaine, mais que la justice absolue doit châtier par la loi implacable des causes et des effets.

Tous les coupeurs d'ailes ne sont pas des oisifs inutiles et jouisseurs, quelques-uns appartiennent à la catégorie des travailleurs et possèdent parfois une certaine bonté de cœur, mais il émane d'eux, tout de même, un je ne sais quoi de glacial et de sec qui flétrit les fleurs et empêche la sève de gonfler les fruits.

Le monde meurt d'anémie, car l'indifférence est l'anémie du cerveau et du cœur. Pour l'enrayer, il faudrait encourager les êtres à s'épanouir largement. Après avoir cherché et découvert les sources dans les âmes d'enfants, on doit leur permettre de se répandre et de féconder les terrains à l'entour. Se circonscrire, s'entourer de limites, voilà le mal suprême, la vieillesse prématurée et irréparable. Voilà aussi pourquoi les coupeurs d'ailes, conscients ou inconscients, rentrent dans la catégorie des êtres nuisibles qu'il faudrait éliminer, si l'on veut préparer à l'humanité une vie plus large, plus joyeuse, plus haute.

⁂

Les égoïstes, les esprits amers, chagrins, mécontents, appartiennent à la catégorie des coupeurs d'ailes actifs. Les premiers vont jusqu'à s'imaginer qu'ils sont altruistes, en déconseillant à leur prochain toute entreprise capable de troubler la tranquillité de l'existence. Les Romains font à ce sujet un signe de croix spécial et disent en *romanesco* : « Ne te mêle de rien, n'interviens en aucune chose, laisse le prochain se tirer seul d'affaire et tu auras la vie paisible. »

Avec une mentalité de ce genre tout ce qui peut troubler de quelque façon le calme des journées doit être écarté, à moins que ce dérangement n'apporte un avantage matériel considérable. « Aucune force ne doit être perdue, disent ces faux sages. Calculez toujours si ce que vous donnez rapporte un bien équivalent. » Les gens avisés même ne se contentent pas de l'équivalent, ils veulent un avantage supérieur. On comprend où ce raisonnement mène, ou plutôt, d'où il éloigne; en pensant ainsi, il est naturel et logique de trouver absurdes et puérils les élans d'enthousiasme pour tout ce qui ne représente pas, dans la vie, un placement profitable.

Bien entendu, les entreprises qui peuvent contribuer à l'enrichissement du prochain n'intéressent nullement ces esprits pratiques, absorbés qu'ils sont par leurs propres poursuites; mais si ce prochain court après la fortune, les places, la célébrité, ils l'honorent et le jugent intelligent, tandis qu'ils traitent tout acte généreux d'utopie et de sottise.

La famille est l'un des terrains où les coupeurs d'ailes abusent de leurs ciseaux. On y étouffe volontiers tout esprit d'initiative. Les jeunes gens, les jeunes filles doivent être dévorés de zèle, pour résister aux douches glacées par lesquelles on accueille leurs projets, leurs tentatives, leurs espérances... Un souffle froid paralyse les membres et gèle les cœurs. Que de malheureux dévoyés et tombés très bas pourraient faire remonter la responsabilité de leur vie manquée aux conseils stérilisants d'un père, d'une mère, de parents, d'amis pour lesquels l'horizon se limitait au pain quotidien (assaisonné aux truffes si c'est possible,) mais toujours personnel et matériel seulement.

Un horizon borné est peut-être sans danger pour les natures médiocres; pour celles qui ont de l'élan, des besoins d'expansion, des puissances communicatives, d'autres éléments sont nécessaires, pour les préserver des égarements et des chutes. Mieux aurait valu laisser dormir sous le sol les sources cachées en leurs âmes, que de les développer pour les empêcher ensuite de répandre librement leurs eaux. Certaines natures ardentes ont un besoin impérieux d'agir généreusement, de prendre une initiative altruiste, d'extérioriser leurs idées et leurs enthousiasmes. Enlevez-leur ces possibilités, et vous les jetez fatalement dans des recherches moins nobles ou dans la stérilité que rien ne console. Qui n'a connu, dans l'adolescence et la jeunesse, des heures de cruelle détresse morale provoquées par certains sourires railleurs, certaines paroles froides, certains regards de pitié méprisante ? Qui ne se souvient de leur longue répercussion ?

Il arrive des heures, dans la vie, où un hôte mystérieux descend en nous et demande des comptes à notre conscience; celle-ci les rend en tremblant, car un voile s'est soudain déchiré à ses yeux, et elle aperçoit en elle-même des tares qu'elle ne soupçonnait pas ou avait oubliées. Toutes les actions blâmables qu'ils peuvent avoir commises se dressent devant les hommes en ces moments redoutables. Plusieurs ferment les yeux pour ne pas voir, essayent de se rendormir, de s'endurcir et y réussissent souvent. Quelques-uns se repentent sincèrement du mal commis et s'emploient à le réparer. Mais souvent, malgré leurs efforts, la paix ne rentre pas dans leur conscience. C'est qu'ils ne l'ont examinée qu'à la surface. Ils n'ont aperçu que les morts dressés aux portes extérieures; ils n'ont pas regardé au fond, là où gisaient les cadavres des âmes qu'ils avaient tuées, des esprits qu'ils avaient ternis, des yeux qu'ils avaient aveuglés !

S'ils s'étaient penchés sur ces misères, ils auraient, sans doute, reculé épouvantés, et une seule excuse serait sortie de leurs lèvres : « Je ne savais pas. » Quelques-uns ajouteraient : « Je croyais bien faire ; j'ai donné aux autres les conseils que je me serais donné à moi-même. » Puérile excuse qui ne les absout pas. S'ils descendaient encore plus loin dans les profondeurs inexplorées de leur conscience, celle-ci répondrait : « Votre crime a été de ne pas aimer les autres et de n'avoir pas su vous aimer vous-même (1). » Car apprendre à bien s'aimer soi-même est la base de tout amour, de tout altruisme, de toute expansion…

***

Les gens aigris et mécontents chez lesquels la vie a soulevé des levains d'amertume et dont les rancunes secrètes enveloppent l'humanité entière, sont également d'actifs coupeurs d'ailes. Ils méritent quelque indulgence. D'après leurs expériences, les hommes étant sans sincérité, sans bonté, sans saveur, ni relief d'aucun genre, ils estiment inutiles et superflus les sacrifices faits en leur faveur. Ils ne peuvent supporter de voir ceux qu'ils aiment (s'ils aiment encore quelqu'un) perdre leurs forces et leur temps pour une humanité ingrate et inguérissable, et ils s'imaginent donner une preuve d'intérêt aux imprudents qui s'engagent sur la voie de l'altruisme en leur criant : « Casse-cou ».

Cette catégorie de coupeurs d'ailes est moins

(1) Voir, dans AMES DORMANTES, le chapitre : *Le faux amour de soi.*

démoralisante que celle des vaniteux et des égoïstes satisfaits, car leur aigreur et leurs rancunes visibles mettent en garde contre leurs enseignements. On ne les croit qu'à demi, on devine, sous l'amertume de leurs paroles, de mauvais souvenirs personnels. Ce ne sont plus des sages remplis d'expérience qui ensevelissent en souriant sous le ridicule nos forces sensibles et imaginatives, mais des êtres qui ont souffert, qui ont été déçus et sont devenus incapables de visions douces et belles. Leurs lunettes sont opaques, et les clairs rayons ne les pénètrent plus.

Leur pauvre âme est gangrenée par l'envie et la rancune ; des serpents s'agitent dans leurs cœurs, et on les entend siffler à travers les paroles qu'ils prononcent. Ils éprouvent un malin plaisir à réduire les âmes qui vibrent encore, à l'état d'aridité qu'ils sentent en eux-mêmes ; ils éteignent les flammes, déflorent les croyances, arrachent l'espoir... La gaîté les a fuis, ils ne peuvent plus la supporter chez les autres. Cependant, sous leur masque impassible et dur, ils rient. On dirait, à les entendre, une pluie de cailloux qui s'entrechoqueraient en tombant : « Nous t'avons dépouillé, tu es aussi pauvre que nous maintenant, le rateau a courbé toutes les herbes folles et les fleurs superbes qui osaient lever la tête dans ton cœur, nous l'avons enfin rendu semblable au nôtre : une plaine désolée, sans saillie et sans végétation ; les sables du désert et les steppes de la Russie ne sont ni plus plates, ni plus infécondes. Nous t'avons modelé à notre image. »

Ainsi dut rire le serpent lorsque, selon le récit biblique, Ève écouta ses raisonnements tentateurs.

*
* *

Mme de Sévigné prétendait que si elle pouvait vivre seulement deux cents ans, elle deviendrait la plus admirable personne du monde. Ces paroles démontrent que la spirituelle marquise avait rencontré dans sa vie peu de coupeurs d'ailes. Peut-être aussi la conception de l'admirable, au dix-septième siècle, n'était-elle pas tout à fait la même qu'au vingtième. On demande davantage aujourd'hui, bien davantage, non pas comme idéal religieux ou moral, mais comme idéal social. Jansénius, Pascal, sainte Chantal, saint Vincent de Paule ne peuvent plus être égalés, mais il est certain que la vie d'une grande dame ou d'un grand seigneur sous Louis XIV n'était pas ce qu'à notre époque on appellerait admirable. Les hommes et les femmes d'aujourd'hui sont appelés à d'autres genres de vertus. La valeur personnelle, la hardiesse, la témérité elle-même durant une campagne suffisaient au dix-septième siècle à laver un homme de toutes les taches ; les vertus civiques ne lui étaient pas demandées, et quant à la femme moderne elle ne correspond, certes, plus au type admiré du temps du grand Roi.

Cependant, à cette époque où l'on ne connaissait guère, en fait d'initiative, que les entreprises guerrières et les fondations religieuses, les coupeurs d'ailes existaient déjà et essayaient de tuer l'élan des âmes vers l'idéal généreux. Ils ont dû naître avec le péché et ont été, certes, pendant tous les stages de l'humanité les plus grands *empêcheurs* de beauté et de bonté. S'ils l'avaient pu, ils auraient voilé les teintes de l'aurore, noirci la pourpre des couchants, sali les pétales des roses, souillé les eaux courantes, altéré la saveur des fruits et le parfum des fleurs. Leur vie consiste à détruire ; on dirait qu'ils subsistent du sang des âmes qu'ils ont vidées.

Dans la triste énumération des coupeurs

d'ailes, il ne faut pas oublier les imbéciles honnêtes qui taillent et coupent par simple sottise et absence de compréhension, parce qu'ils ne voient pas et ne se rendent pas compte qu'une conscience nouvelle est en train de se former dans l'humanité. Ils croient bien faire en éloignant leurs enfants et leurs amis de tout ce qui peut augmenter l'effort et charger l'existence de préoccupations impersonnelles. Ils ne sentent pas que le secret du bonheur est justement dans ce qui arrache l'homme à la contemplation de lui-même et à la recherche de son propre intérêt. Dans la crainte d'appauvrir ceux qu'ils se figurent aimer, ils s'emploient à rétrécir le cercle de leurs idées, de leurs préoccupations de leurs labeurs, ne comprenant pas que c'est, au contraire, dans la libre expansion de ses forces que l'homme peut s'enrichir.

Les femmes sont de plus fréquentes coupeuses d'ailes que les hommes, parce qu'elles entrent plus volontiers dans le détail de la vie des autres et s'y arrêtent davantage. Dans un beau livre récent, M. Édouard Schuré parle éloquemment de la femme inspiratrice, l'un des plus grands rôles que la femme puisse remplir en ce monde. Pourquoi le recherchet-elle si rarement, même quand elle est intelligente et intuitive ? Simplement parce que les femmes sont habituées, par atavisme et par habitude, au métier de coupeuses d'ailes. Les bas instincts de leur tempérament les poussent à empoigner le ciseau : esprit d'avarice et d'ordre ; préoccupation de l'intérêt personnel et familial ! Ayant mal compris la famille et la maternité, les ayant transformées en écoles d'égoïsme, la femme peut difficilement remplir cette mission à laquelle la pousseraient cependant tous les côtés élevés de sa nature. Mais il y a conflit entre son *ego* supérieur et sa personnalité terrestre. Celles qui ont le courage et la force de vivre hors d'elles-mêmes, absorbées par l'idée pure ou par l'amour, — qui leur fait désirer que l'objet de cet amour atteigne les hautes cimes dont elles ont la vision intuitive, — peuvent seules devenir inspiratrices. Les femmes, du reste, dédaignent aujourd'hui tout ce qui les efface ; elles ne s'aperçoivent pas que ce rôle est supérieur à l'autre, car la Muse a toujours plané plus haut que le poète.

Si les compagnes de l'homme employaient leur charme et leur féminité à pousser celui-ci, — dans les ordres d'idées les plus différents,

— vers ce qui est grand et beau, toutes les formes de l'amour s'ennobliraient. La mission d'inspiratrice met en jeu les deux qualités maîtresses de la femme : l'intuition et le sentiment. Mais parce qu'elle la laisse dans l'ombre, la femme n'en a compris que rarement la grandeur. Dans l'histoire, en effet, nous rencontrons quelques inspiratrices pour un nombre infini de coupeuses d'ailes. Dans la vie actuelle, le type se perd ; la femme intelligente et cultivée veut immédiatement produire elle-même.

Bien entendu, le titre d'inspiratrice ne peut s'appliquer aux femmes qui poussent l'homme à des actions cruelles et basses, ni à celles qui, dans un but d'intérêt personnel, exaspèrent son ambition d'argent ou de célébrité. C'est, en tout cas, de l'inspiration à rebours, car elle s'adresse aux côtés les plus vulgaires de la psyché masculine.

La femme réellement inspiratrice peut être comparée à l'étoile du matin. Nous en avons vu, dans l'histoire, de pures et de froides comme Hypathie, et ce type de jeune Minerve se renouvellera probablement ; notre époque de culture féminine en produira sans doute quelques exemplaires. Mais, dit Richard Wagner, l'inspiration ne nous vient que de l'amour ;

par conséquent, c'est toujours à travers l'amour que la femme parviendra le plus sûrement à être l'inspiratrice de l'homme.

Malheureusement, l'amour, où le trouve-t-on aujourd'hui et de quelle qualité est-il ? L'âme de la femme s'est tournée vers la jouissance, le bien-être, la toilette, le luxe sous toutes ses formes. A quoi peut-elle pousser l'homme, sinon à la recherche du gain ? Même s'il est littérateur ou artiste, et qu'elle le force au travail, son inspiration ne saurait être élevée. Comme elle tient avant tout au succès bruyant, — car il est le plus rapidement rémunérateur, — elle l'incite à produire selon le goût du public et se préoccupe, non de la beauté de l'œuvre mais de son rapport. La femme actuelle, même si elle n'est pas une coupeuse d'ailes et respecte l'art ou le travail de l'homme, est rarement une véritable inspiratrice, car, par ses calculs, elle rabaisse, au lieu de l'élever la mentalité masculine, et voit avant tout, en toutes choses, les résultats d'argent. Ce nom si juste d'*associée* que lui donnent les romanciers modernes, prouve à quel point la femme d'aujourd'hui est une collaboratrice d'intérêts plus que d'idées.

C'est donc avant tout la psyché féminine

que l'éducation doit transformer et spiritualiser. Il faut enseigner à la femme le grand et large sens du mot *inspiratrice*. Lorsque l'équilibre sera rétabli, après le conflit des sexes auquel nous assistons aujourd'hui, elle comprendra mieux, — son esprit s'étant élargi et débarrassé du préjugé d'après lequel l'ignorance et la puérilité sont des grâces de son sexe, — quel est le rôle auquel le plan divin la destinait. Et ainsi, le nombre des coupeurs d'ailes diminuera. La femme, rejetant loin d'elle les ciseaux avec lesquels tant de fleurs en germe ont été coupées, convaincra l'homme que lorsqu'il empêche des ailes de croître, sous le souffle gelé de son sarcasme, il commet un crime social dont il devra rendre compte, tout comme s'il avait contribué à tarir la vie physique d'un être humain.

CHAPITRE VI

LES FILS DE NARCISSE

> Il est bien temps que l'humanité, comme Narcisse qui s'admirait à la fontaine, s'arrache enfin à cette contemplation stérile.
>
> GRÜN.

Narcisse n'a pas laissé de descendants directs. Il est mort de la contemplation de sa propre beauté, avant d'avoir connu l'amour; mais ses descendants indirects sont légion, et tous portent en eux-mêmes un principe identique de stérilité et de mort. Les mythes anciens ont des significations profondes, et les vérités qu'ils renferment peuvent s'appliquer encore à nos façons actuelles de vivre et de sentir.

Le sort lamentable du fils de Céphise menace toute une catégorie d'êtres, qui traînent une existence inféconde et aride au lieu de s'épanouir au soleil de l'amour, de la pitié, de la justice. Et personne ne songe à les sauver. Les philosophes et les psychologues s'occupent d'eux théoriquement, mais les moralistes et les éducateurs les abandonnent ; ils devraient, au contraire, donner, dans leurs préoccupations, une très large part aux maladies de la personnalité, c'est-à-dire chercher les moyens d'éviter qu'elles se développent, car enrayer leurs effets lorsqu'elles se sont déjà manifestées, demande des efforts démesurés et d'ordinaire inutiles.

Si dans la vie domestique, sociale, politique, les rapports des hommes entre eux sont hérissés de difficultés, si tant de bonnes intentions avortent, si le bien est malaisé à mettre en pratique, si les plans les mieux établis s'écroulent sans raison apparente, il faut en chercher la cause bien plutôt dans l'excès du *personnalisme* que dans la méchanceté des hommes ou dans leurs vues intéressées, puisque ces mêmes difficultés surgissent entre des gens honnêtes qui, pris à part, aspireraient au bien, à l'activité harmonieuse des forces bonnes, mais qui n'ont pas désappris de sentir leur moi. Or, ce moi se dresse prépondérant dans toutes les circonstances, il aveugle, diminue, empêche...

Il suffit d'un peu d'attention pour constater le phénomène : le perfide conseiller est presque toujours le *personnalisme*. Dominateur secret de l'âme, il empoisonne ce qu'il touche, et l'on arrive plus facilement à étouffer un mauvais sentiment qu'à se soustraire à son subtil empire dont, parfois, on n'a même pas conscience.

*
* *

Cette vision du moi surgissant, s'affirmant et débordant, provoque en quelques-uns un agacement dédaigneux, et elle humilie ceux qui savent percevoir en eux-mêmes le levain haïssable. Elle éveille, au contraire, dans les esprits plus objectifs, de la tristesse et de la pitié. Quoi de plus pitoyable, en effet, que cet attachement violent à une chose aussi mesquine, aussi secondaire, aussi transitoire que notre individualité sociale :

> L'homme ! Ses jours sont comme l'herbe.
> Il fleurit comme la fleur des champs...
> Lorsqu'on veut passer sur elle, elle n'est plus,
> Et le lieu qu'elle occupait ne la reconnaît plus [1] !

La préoccupation de l'individualité sociale,

---

[1] Ps. 103 — 15, 16.

voilà la plaie de notre époque, plaie étendue à toutes les parties du corps, c'est-à-dire à toutes les catégories d'êtres ! C'est vraiment le « moi haïssable » dont parle Pascal. Celui que Montaigne *goustait* tant et qui l'occupait sans cesse devait être d'une autre essence. Ce qui est immortel chez l'homme a une valeur incommensurable, ce qui le rattache à l'âme universelle et le rend coopérateur de l'évolution générale est également sans prix. Évidemment aussi, il doit aimer d'une certaine façon son moi terrestre (1), pour le perfectionner, mais combien sont inutiles les petites vanités, les petites velléités dominatrices, et quel empêchement elles sont pour la vie, l'activité, l'initiative bienfaisante !

Les êtres envahis par le *personnalisme* ne parviennent jamais à donner leur mesure ; un poison court dans leur sang, qui empêche toute croissance, les anémie et les réduit au rachitisme moral. L'erreur est de croire — et cela arrive même aux plus intelligents — qu'en magnifiant son moi, on acquiert une individualité plus marquée et plus intéressante. Or c'est le vrai moyen de la perdre. L'originalité

(1) *Ames dormantes.* Voir le chap. : *Le faux amour de soi.*

vraie — oh ! pas la fausse, qui est bien la plus odieuse des marchandises frelatées ! — provient presque toujours d'un esprit objectif doué de la perception nette des valeurs.

Les gens conscients de leur importance voient rarement le côté drôle des êtres et des choses. Leur moi, toujours dressé devant eux, oblitère leur vision. En général, on reconnaît les *personnalistes* au vague de leur regard qui ne ressemble en rien au vague des gens préoccupés d'une affaire ou d'une idée. C'est eux-mêmes qu'ils contemplent.

Il ne faut pas confondre les maladies de la personnalité avec l'égoïsme ou l'orgueil. On peut être altier, insolent, cyniquement absorbé par ses intérêts et son bien-être, et ne pas avoir le culte du moi, tandis que les fervents de ce triste autel sont souvent des timides, et possèdent parfois des qualités altruistes. Mais leur bonté est stérile, gâtée par des exigences et des susceptibilités, et presque toujours elle manque de discernement.

Le *personnalisme* revêt, du reste, comme chaque phénomène humain, des formes diverses, et on ne le reconnaît pas toujours aux mêmes symptômes. Quelques-uns cependant ne manquent jamais de se produire, semblables au frisson spécial qui accompagne les fièvres de malaria.

Tous les climats et toutes les ambiances lui sont bons ; il naît et se développe sous toutes les latitudes sociales. Certains sols, évidemment, sont plus fertiles que d'autres, et il trouve des centres de culture intense, dans les loisirs et la vie aisée, vaniteuse et frivole des classes qui s'amusent.

Les femmes y sont plus sujettes que les hommes, parce que ceux-ci s'acharnent après les réalités et que les chimères les occupent moins ; mais quand le *personnalisme* s'empare d'eux, il choque davantage, car ils l'étalent avec ingénuité et ne savent pas le dissimuler avec grâce. On ne le rencontre pas seulement dans les milieux oisifs. Que d'hommes possédant de réelles capacités ne réussissent pas dans leur carrière et suscitent des hostilités que leurs actes ne justifient pas. Le public est surpris, eux-mêmes s'affligent et s'étonnent et ne devinent point que le coupable est leur moi trop visible qui agace, irrite, éloigne. D'autres deviennent, par excès de *personnalisme*, la proie de maladies nerveuses qui peu à peu affaiblissent leur intelligence.

Mais, objectera-t-on, pourquoi les hommes

à tempérament de fauves et de carnassiers, qui n'ont jamais une pensée généreuse pour autrui, qui veulent tout absorber et tout dominer, sont-ils ceux qui exercent le plus d'autorité et soumettent à leurs désirs les volontés rebelles ? N'est-ce pas là de l'individualisme à outrance ? Évidemment, mais poursuivre une proie, s'en emparer et la ravir de force ne représente pas une maladie de la personnalité ; c'est de l'ambition sans scrupule, de l'avidité brutale, de la férocité, tandis que le paon qui, sans nuire à personne, fait tranquillement la roue dans un jardin présente tous les symptômes ridicules du *personnalisme*.

Chez quelques individus, la maladie est chronique ; chez d'autres, elle n'a que des manifestations passagères. Ces malades à crises momentanées sont en mesure de constater ce que cette infirmité leur fait perdre et combien elle diminue leur prestige et leurs possibilités de succès. N'étant pas devenue habituelle, elle les gêne aux entournures, les rend gauches, maladroits... J'ai reçu à ce sujet plus d'une pénible confidence : « Quand l'accès nous prend, tout s'obscurcit, nous perdons nos facultés de sympathie, notre puissance d'expansion ; nous sentons comme un mur épais entre nous et les autres, entre nous et les beautés de l'univers. La joie déserte notre cœur, il se dessèche, s'appauvrit, nous devenons inquiets, chagrins, de façon désobligeante. »

Oh ! l'œil des distraits par *personnalisme*, il se reconnaît entre mille ! Beaucoup de gens très impersonnels ont des distractions, parce qu'ils suivent une idée ou qu'ils sont accablés sous des soucis trop lourds, mais leur regard est d'autre sorte, et sa fixité ne provient point de ce qu'ils contemplent leur propre image physique et morale. Or, c'est là justement le trait caractéristique des *personnalistes* ; ils ont toujours l'air de se mouvoir, comme s'ils se miraient dans une glace. Détail sans importance, dira-t-on. Évidemment : l'important est la mentalité dont il procède.

Cette préoccupation incessante et maladive du moi n'apparaît pas toujours dans les rapports superficiels, mais dès qu'on est lié par un intérêt commun, ou qu'on travaille, sous une forme quelconque, avec un *personnaliste*, immédiatement elle se révèle. Les chrétiens y sont sujets comme les athées, les bons comme les mauvais, les inintelligents comme les gens d'esprit. Quelques personnes habiles réussissent à dissimuler longtemps cette plaie secrète.

On éprouve auprès d'elles un malaise indéfinissable, on ne sait pourquoi la sympathie ne grandit pas, puis tout d'un coup la vérité se fait jour, provoquée par un incident quelconque, et l'on comprend alors ce qui rendait les progrès difficiles et pour quelle raison la lumière manquait.

Le bacille de la maladie existe à l'état latent dans tous les êtres ; mais il reste en germe chez les natures très hautes et très simples ; chez d'autres, il est dominé par la volonté altruiste, sans parler des forces spirituelles qui peuvent aider à l'étouffer. Malheureusement la plupart des âmes ne songent nullement à le combattre, on dirait plutôt qu'elles emploient leurs énergies à le développer. Maurice Barrès a dit que l'essentiel était de cultiver son jardin. Il a raison, seulement il faut s'entendre sur le mot culture. Pour qu'un jardin soit bien tenu, les mauvaises herbes doivent en être arrachées. Le *personnalisme* est un parasite qui absorbe le suc des belles et bonnes plantes et les empêche de prospérer. Ne pas le détruire à temps équivaut à l'un des plus grands crimes que l'on puisse commettre contre soi-même.

Ce n'est pas un paradoxe. L'expérience de

la vie morale le prouve à tout instant : les biens affluent, à mesure que l'on renonce à soi-même ; j'entends les biens intérieurs. Du reste les biens extérieurs prennent aussi parfois la même route, mais ces derniers comptent peu pour le bonheur, si l'illumination du cœur et de l'esprit manque. La misanthropie de beaucoup de gens prospères, qu'aucun chagrin ne courbe, en est la preuve indiscutable. La tristesse des riches, quel chapitre suggestif à écrire !

*
* *

Les *personnalistes* sont rarement occupés de leur *ego* supérieur : c'est toujours leur moi transitoire qui les attire, les charme, les retient...

Plusieurs manifestent une ingénuité singulière ; leur confiance dans l'aveuglement et la bienveillance d'autrui est extrême, car, sans craindre le ridicule, ils ramènent tout à eux-mêmes ! Que vous parliez de l'impôt progressif, de la question marocaine ou de la séparation de l'Église et de l'État, ils trouvent le moyen d'y faire entrer leur personnalité. S'agit-il d'art, de littérature, c'est pire encore !

Eux, toujours eux ! Ce serait grotesque, si ce n'était pas triste.

Même dans leurs élans généreux, ils se regardent agir et ne peuvent s'empêcher d'attirer l'attention sur leurs actes altruistes ou aimables. Jamais le désir de laisser ignorer à leur main droite ce que leur main gauche a fait, ne leur vient. Et ainsi ils perdent la joie du don silencieux.

Les formes du *personnalisme* varient suivant les sexes, et sont innombrables. Comme nous l'avons remarqué déjà, les hommes, plus préoccupés du côté lucratif de l'existence, des gains qu'ils recherchent, des places qu'ils ambitionnent, des plaisirs qu'ils poursuivent, pensent moins à se donner de l'importance mondaine ; cette tendance se manifeste davantage dans les vies féminines oisives et vides.

Je connais une femme au cœur excellent, et qui peut avoir de l'esprit quand elle s'oublie, avec qui toute conversation générale est impossible, car toujours elle entre en scène, quelles que soient les questions qui se discutent. L'éloge des autres lui est insupportable, non parce qu'elle est méchante ou envieuse, mais parce qu'elle craint de voir, dans cette louange qui ne lui est pas adressée, une diminution de sa personnalité. Sans cesse à l'affût des mots flatteurs, la pauvre femme les recueille soigneusement, leur prête forme et vie et les incruste dans son cœur. Après vingt ans, elle dira : « A tel jour, à telle heure, dans tel lieu, *il* m'a dit cela ! ». Et cet *il* représente une personne indifférente, insignifiante ; elle a oublié jusqu'à son visage, mais se rappelle ses fades compliments !

Cette soif insatiable de louanges est d'autant plus singulière, que la femme dont je parle a été belle, qu'elle est intelligente, élégante... Pourquoi cet amour-propre souffrant ? Je connais le secret de son mal. Malgré sa beauté et sa bonté, elle n'a pas obtenu les affections profondes, ardentes, fidèles auxquelles ses qualités lui donnaient droit ; son *personnalisme* excessif a détaché les cœurs. Mari, enfants, amis ont inconsciemment senti la puérilité de sa pensée. Et maintenant, en son âme meurtrie, des rancunes grondent contre ceux qui ne lui ont pas suffisamment donné. Et ainsi sa vie se consume dans de petits griefs et des susceptibilités douloureuses.

Tout ce qui, dans le mouvement moderne de l'existence, contrarie ses goûts et ses habitudes, lui paraît une offense personnelle. Elle s'étend indéfiniment sur les plus minces détails de ses contrariétés, inconsciente du grand cri de souffrance qui traverse le monde.

Même quand elle se dévoue pour les autres, son dévouement ne lui donne pas de joie, parce que son imagination magnifie ses bienfaits, et que la reconnaissance qu'on lui en témoigne n'arrive jamais à la hauteur où elle les place.

Sans être filleule de fée ou filleule de pape, elle avait reçu à sa naissance une merveilleuse layette, une seule pièce manquait : la faculté de s'oublier ! Or, toutes les tristesses de sa vie découlent de cette lacune dans son trousseau d'enfant. Plus tard, personne ne lui a enseigné la grande loi de l'impersonnalité, n'a ouvert ses yeux à cette vérité fondamentale que, pour acquérir, il faut d'abord renoncer. Et le cœur généreux que Dieu lui avait donné s'est stérilisé peu à peu — ou du moins ses battements se sont circonscrits et, riche de dons de toute espèce, elle est devenue la plus pauvre des femmes !

J'en connais une autre, d'esprit plus vif, plus critique, d'un altruisme charmant, une vraie faiseuse de joies, dont le *personnalisme* revêt une toute autre forme. Il faut la connaître intimement pour le percevoir. Elle parle toujours des autres, rarement d'elle-même, comprend toutes les idées générales et s'y intéresse. Cependant, sous son apparente gaieté, elle est horriblement malheureuse ; il lui est impossible de se résigner à vieillir, non précisément par vanité ou coquetterie, mais parce que la pensée de devoir rester en arrière, de participer de moins en moins au mouvement de la vie lui est insupportable.

Même dans sa jeunesse, elle était persécutée par cette crainte et n'a jamais su se reposer dans une quiétude heureuse ou jouir paisiblement de ses bonheurs. Elle a, pour ainsi dire, la hantise du mouvement. Sentant sa personnalité dans tout, se voir dépassée par les générations nouvelles la point douloureusement. C'était une âme d'avant-garde ; elle refuse de se joindre au gros de l'armée. De ce *personnalisme* très spécial, son entourage ne souffre pas, mais elle en est victime. C'est un rongement intérieur qu'elle trompe par une activité incessante, mais dont elle ne peut se délivrer. Si elle parvenait à comprendre que la vie est une école et une mission, que nous faisons partie d'un grand ensemble dans lequel tous ont un rôle à remplir et que, dans cet immense orchestre de l'univers, chaque instrument a une valeur propre, son inquiétude se calmerait.

*
* *

L'agitation qui énerve et torture certaines âmes bonnes est pénible à constater. On voudrait les pacifier, les adoucir, verser un beaume sur les plaies saignantes de leur amour-propre, et on n'y réussit pas. Elles ont d'excellentes intentions dont le *personnalisme* gâte les effets. Les œuvres sociales et philanthropiques offrent à cet égard au psychologue un curieux champ d'observation.

Dans ce milieu spécial, après quelques jours de contact, on peut dresser le bilan de l'empire du moi sur les caractères. Il est tellement prépondérant chez certaines natures, que leur part dans l'ensemble de l'œuvre est pour elles la seule importante. Sans scrupules, elles absorbent à leur profit les heures dont l'assemblée dispose, elles demandent la parole à tout propos, ne réfléchissent jamais que leur manière d'être est semblable à celle d'un invité qui, à un repas, confisquerait tous les plats pour son propre et unique usage. Elles trouvent le moyen d'occuper sans cesse d'elles-mêmes, font obstacle à toutes les propositions d'autrui pour se donner de l'importance, se plaignent, s'imaginent qu'on leur manque, croient toujours devoir expliquer leurs actes ou leurs paroles, se dégoûtent des œuvres où elles ne peuvent suffisamment dominer : « Je vais tout lâcher », crient-elles sur un ton de menace puérile, semblables à ces hommes publics qui parlent sans cesse de donner leur démission comme s'il s'agissait, pour le pays, d'un effroyable malheur.

Parfois, des êtres d'apparence très modestes se révèlent, à la stupeur générale, d'outranciers *personnalistes*, et il n'y a rien de plus triste que ce *moi* arrogant dans des conditions mesquines de vie ou d'intelligence ; les allures et les paroles sont humbles, mais l'objectivité manque toujours.

Cette idolâtrie du moi pourrait divertir, si la pitié ne l'emportait sur l'amusement. Être amoureux de soi-même ne mène pas toujours à la mort, comme pour Narcisse, mais c'est la neurasthénie à brève échéance, le malheur certain. Il y a cependant des exceptions. Une femme de ma connaissance se console de tous ses chagrins par la vision de sa personnalité. Très imaginative, elle se pose en héroïne à ses propres yeux et se regarde agir et vivre comme elle lirait un roman palpitant ; même, quand elle accomplit des actes dévoués et aimables, elle pleure volontiers d'attendrissement. La nature l'ayant douée d'une démarche onduleuse et légère, elle est tellement persuadée que des yeux charmés suivent ses moindres pas, que son visage reflète ingénuement cette conviction. Lorsqu'elle perdit son mari, le monde s'apitoya sur elle et sur le changement que cette mort apporterait dans ses habitudes. Son médecin eut un sourire : « Ne la plaignez pas — dit-il — elle se trouve intéressante et aurait été désolée de ne pouvoir réaliser le tableau que son imagination lui avait dépeint d'avance : longs vêtements de deuil, exclamations de pitié sur son passage, paroles hautement résignées sortant de ses lèvres... »

Les littérateurs et les artistes, ceux qui recherchent la vanité et l'apparence des choses, sont fréquemment victimes du *personnalisme*. J'ai rencontré un homme d'un talent multiple et brillant qui donnait de grandes espérances. Malheureusement, il était *personnaliste*. Comme il ne manquait pas d'intuition, il feignait de se passionner pour les idées générales ou pour celles d'un parti ou d'un groupe, et s'alambiquait le cerveau afin de trouver des mots intelligents et profonds, aptes à donner aux autres l'illusion de l'intérêt qu'il leur portait. Mais ses yeux le trahissaient toujours.

Lorsqu'il s'exaltait sur ses croyances religieuses ou sociales, une petite lueur moqueuse dansait, à son insu, dans un coin de sa prunelle, et lorsqu'il posait pour l'altruisme, une expression d'ennui en altérait subitement la flamme. Dépourvu de sincérité dans le caractère, il en avait trop dans le regard. Il finit par s'aliéner la plupart des esprits, même ceux des plus féroces égoïstes, gens pratiques, hostiles à la puérilité des fictions et, dès lors, il fut relégué parmi les quantités négligeables.

Oh ! ces amours-propres sur le qui-vive, quelle erreur, même au point de vue utilitaire professionnel, de ne pas les étouffer ! Ils enlèvent la présence d'esprit, rompent les courants de sympathie et détruisent toute confiance dans le sérieux des opinions professées. Je sais bien que la plupart des renommées n'ont pas pour base le sérieux des opinions, mais on ne saurait assez le répéter : le *personnalisme* n'est jamais un élément de succès. L'égoïsme, l'audace, l'absence de scrupules sont des forces positives et agissantes ; le personnalisme n'est qu'une faiblesse et touche au ridicule. Or, le ridicule......

*
* *

L'essentiel serait donc, comme je l'ai dit en commençant, d'empêcher chez l'enfant le développement excessif du moi, et de bien diriger ce qu'il est nécessaire d'en garder. Extirper les instincts individuels serait chose impossible et réduirait l'humanité à l'état de troupeau inconscient, mais arracher d'un jardin les plantes parasites, n'est-ce pas le rendre plus touffu et plus vert ? Malheureusement, l'herbe *personnalisme* ne se laisse pas volontiers couper.

Du reste, l'a-t-on jamais tenté sérieusement ? On répondra que la doctrine du renoncement est contenue dans l'enseignement religieux. En théorie, oui, certes, on l'indique au chrétien comme l'effort suprême vers la sainteté, mais, en pratique, s'est-on beaucoup occupé de faire pénétrer dans le cerveau des enfants cette grande loi et ses inéluctables conséquences ? Il ne faut pas oublier, non plus, que l'enseignement religieux occupe peu de place dans l'éducation actuelle, et que toute une catégorie d'êtres en est privée.

Nombre d'esprits sagaces sont persuadés que l'expérience seule peut démontrer aux hommes la réalité, à la fois consolante et redoutable, de la loi du renoncement. Mais ne serait-ce pas rendre service aux générations futures, que d'ouvrir d'avance leurs yeux à ce que la vie doit leur apprendre ? N'y étant pas préparées, elles risquent de rester aveugles et sourdes à ses enseignements. Que de *personnalistes* ne voyons-nous pas rester perpétuellement inconscients du mal qui ronge leur psyché, assombrit leurs jours et enlève toute saveur à leurs plaisirs ! Les anciens offraient aux Furies des couronnes et des guirlandes de narcisses. Que de vérité dans ce symbole !

L'homme recèle en lui des passions variées et diverses ; le but de son existence est probablement d'apprendre à les dominer. Mais il les combat sans vaillance, par peur de décolorer sa vie. Quand se persuadera-t-il qu'il y en a une au moins dont il doit se débarrasser, parce qu'elle est mélancolique, morne et énervante, parce qu'elle le rend esclave de ses nerfs, accentue ses peines, l'empêche de croître et de s'épanouir joyeusement?

Si les éducateurs trouvent l'âme de l'enfant trop frêle pour la nourriture des forts, et s'ils croient son cerveau trop faible pour comprendre la loi suprême que *renoncer c'est gagner*, ils devraient du moins lui apprendre à mépriser le petit *personnalisme*, comme une manifestation ridicule de la vanité humaine.

L'éducation a été basée jusqu'ici sur un faux principe. En dehors de la religion, on n'a jamais fait sentir suffisamment à l'homme sa grandeur et sa petitesse. S'il en avait une notion même vague, il ne donnerait pas d'importance à ce qui n'en mérite point ; nous verrions une humanité plus digne et plus heureuse, et les *personnalistes* au front borné et sombre, au sourire artificiel ou niais encombreraient de moins en moins la route des gens de bonne volonté qui essayent de diminuer la souffrance humaine et de créer autour d'eux un peu de joie.

Il suffirait, pour cela, de persuader aux hommes, qu'ils ne sont qu'une infime partie du grand univers, mais que cette infime partie est immortelle.

CHAPITRE VII

LES FEMMES ET LA TOILETTE

> La femme sage bâtit sa maison, et la femme insensée la renverse de ses propres mains.
> PROVERBES.

Blâmer l'élégance chez la femme m'a toujours paru une sottise au point de vue esthétique et même éthique. De jeunes et jolies créatures bien parées sont une fête pour les yeux ; quant aux femmes mûres ou vieilles, elles devraient soigner leur personne jusqu'au raffinement, la recherche de la propreté scrupuleuse et de l'harmonie extérieure étant un devoir auquel — n'importe sous quel prétexte — on a toujours tort de manquer. Une tenue négligée indique, dans la plupart des cas, la présence de la paresse accroupie dans nos cœurs ou une vision incomplète de ce que nous devons aux autres et à nous-mêmes.

Évidemment, l'ouvrière ou la bourgeoise pauvre ou presque pauvre, obligée de se lever aux petites heures du matin pour les soins du ménage, des enfants, et se rendre elle-même au travail, ne peut consacrer beaucoup de temps à la toilette de sa personne. Cependant, même dans ces conditions difficiles d'existence, que d'aspects différents les femmes revêtent ! Il y en a de propres, de bien coiffées, avec des vêtements nets ; d'autres sont échevelées, mal tenues, et, au premier regard, on s'aperçoit que l'eau joue, dans leurs habitudes, un rôle secondaire. Les soins personnels me semblent donc représenter, pour la femme, un imprescriptible devoir qui, à mesure que ses conditions de fortune s'améliorent et que ses loisirs augmentent, doit être rempli plus scrupuleusement. Il est nécessaire de le lui enseigner dès l'enfance, puisqu'il représente une partie de ce respect de soi-même sans lequel il n'y a pas de dignité possible.

La femme riche, a en outre, l'obligation de dépenser largement, le luxe étant, paraît-il, une nécessité sociale. Les économistes nous assurent que s'il disparaissait tout à coup, une effrayante crise en serait la conséquence ; il faut donc le maintenir ! Un luxe intelligent contribue, du reste, au progrès général et au développement du sens esthétique. Ceux qui préconisent l'établissement d'innombrables fabriques de bas et de souliers remplaçant les industries élégantes, préparent une société où la médiocrité deviendrait la dominatrice absolue.

Le goût du beau, inné chez l'homme de certaines races, — à des degrés différents bien entendu, — empêchera, il faut l'espérer, le triomphe de la doctrine de l'uniformité dans la laideur. Si elle s'imposait, tout ce que la main de l'homme peut détruire risquerait de disparaître. La beauté inutile étant considérée comme un luxe coupable au point de vue social, on abattrait les arbres des forêts, on arracherait les fleurs des jardins, on égorgerait les rossignols et les alouettes. Que de vandalismes n'a pas déjà fait commettre cette recherche de l'utile au détriment du beau ! Cela revient à dire qu'on ne doit être iconoclaste en rien, et qu'il faut respecter tout ce qui peut charmer le regard, même les ornements féminins !

Mais, ne l'oublions pas, la divine mesure est indispensable en cela aussi : lorsque l'équilibre se rompt entre les parties d'un édifice, celui-ci s'écroule. Le soleil est la source de la vie, et pourtant, s'il ne pleut pas pendant trois mois, ses rayons bienfaisants se changent en malédiction pour les champs qu'ils brûlent. Si le cours d'eau qui alimente les usines et féconde les terres environnantes déborde violemment, il détruit les bâtiments des fabriques et ruine l'agriculture. Or, en ce moment, l'excès du luxe dans la toilette des femmes peut être comparé à un fleuve qui aurait rompu ses digues en emportant tout sur son passage : dignité personnelle, bien-être, honorabilité de la famille, paix du cœur !

Il suffit de remonter de quelques années en arrière, pour se rendre compte du bond formidable accompli, dans le budget d'une maison, par le chiffre de la toilette féminine. Tout a augmenté, diront ceux qui ne supportent pas la critique des travers de la société actuelle. Oui, certes, mais pas dans d'aussi effrayantes proportions. Une statistique en ce genre serait curieuse et devrait tenter un économiste sociologue. Il faudrait examiner une série de budgets de cent, cinquante, trente mille francs de rente, etc., tels qu'ils étaient établis, il y a vingt ans, les explorer item par item, puis les comparer à ceux d'aujourd'hui, basés sur la même somme, et voir comment ils se divisent actuellement. L'on se rendrait compte alors, que les dépenses de madame ont augmenté de façon anormale.

Si elles ne figurent pas ouvertement dans les comptes, c'est pire encore, car cette lacune indique des désordres de conduite ou des ressources inavouables. Il y a donc excès. C'est d'autant plus grave que les fortunes, — sauf dans l'industrie, la banque et les spéculations, — ont presque toutes diminué par l'abaissement général du taux de l'intérêt des fonds d'État ; pour subvenir à cet accroissement des frais de toilette, on a dû rogner sur des catégories autrement importantes, autrement nécessaires au bien-être général, si on ne les a pas complètement supprimées.

Comment faire comprendre aux femmes à quel point ce déséquilibre est inutile, désavantageux et périlleux pour elles ? Comment leur découvrir le piège qui se cache sous l'encouragement que les hommes donnent volontiers, aujourd'hui, au débordement du luxe féminin ?

*
* *

Une partie des sentiments altruistes consiste à ne pas éveiller des impressions pénibles chez ceux qui nous approchent et à ne pas les exposer à des tentations inutiles. Ainsi une femme très riche ne devrait pas dépasser dans le luxe de ses toilettes ce que la femme dont la fortune est d'un degré inférieur à la sienne peut s'accorder. Celle-ci, à son tour, devrait avoir les mêmes scrupules vis-à-vis de sa sœur en Ève, qui dispose de ressources plus médiocres. Cet esprit de modération établirait une échelle dans les dépenses qui maintiendrait une sorte d'équilibre et imposerait une simplicité proportionnelle. Le petit sacrifice, étant volontaire, paraîtrait peut-être moins lourd.

Dans toutes choses, celles en particulier qui touchent aux responsabilités morales, il faut d'abord s'adresser à la sensibilité des gens qu'on désire convaincre. Les autres arguments n'ont qu'une efficacité médiocre. Afin d'arrêter les femmes sur la pente qui risque de leur faire perdre les sérieux avantages qu'on essaye d'obtenir pour elles, il n'y a pas d'autre système. Leur raison n'ayant pas suffi à les mettre en garde contre les pièges de certains courants, on doit faire appel à leur cœur. Il serait dommage que l'excès de leur frivolité et leur amour désordonné du chiffon arrêtassent le grand mouvement qui, partant d'un petit nombre de consciences, a fini par pénétrer l'âme du monde. Beaucoup de femmes, il est vrai, ne se soucient nullement de ces avantages nouveaux : elles suivent d'autres voies et se croient suffisamment assurées contre les éventualités du sort. C'est là une égoïste erreur. Personne n'est à l'abri de rien, sur cette planète que Plutus et Vénus se disputent, après en avoir chassé les autres dieux.

En outre, si chacun de nous représente une individualité immortelle, il n'en est pas moins certain que nous faisons partie d'une longue chaîne d'êtres dont nous ne pouvons nous isoler, chaque mouvement de l'un ayant sa répercussion sur les autres. Cette effrayante responsabilité devrait, toute idée de morale mise à part, éloigner l'homme des pensées et des actions corruptrices. Quand il pèche, et s'égare, il fait participer les autres aux conséquences de ses péchés et de ses égarements ; tout ce qui est mal ou médiocre en lui se reflète, non seulement sur son entourage, mais sur les êtres avec lesquels il n'a jamais eu de contact. De par cette loi, l'excès du luxe et de la frivolité, chez les femmes riches et oisives, a sa répercussion chez leurs plus humbles sœurs et les dévoie inévitablement, de notre temps surtout, où l'utopie égalitaire (1) a développé, jusqu'à l'hypertrophie, l'esprit d'imitation. Et une force secrète nous pousse à vouloir toujours copier ceux qui ont des ressources supérieures aux nôtres.

S'habiller selon ses moyens devrait être la base de l'honorabilité féminine dans les classes modestes ; s'habiller *au-dessous* de ses moyens, le devoir social des femmes riches. Le sacrifice serait-il si grand, au fond ? Il leur resterait assez de luxe pour satisfaire leurs instincts et leurs goûts. Si toutes acceptaient ce petit programme de renoncement, la terrible et dangereuse plaie du luxe féminin se restreindrait quelque peu. Même en diminuant la somme qu'elles consacrent à l'ornement de leur personne, les mondaines resteraient encore fort loin de la simplicité qui met en valeur les beautés réelles.

Il y a vingt ans, lorsqu'on disait d'une femme qu'elle dépensait dix ou vingt mille francs pour sa toilette, le chiffre paraissait énorme. On en sourit aujourd'hui où le budget d'une élégante monte à des sommes fabuleuses. Dans l'un de ses livres, M. Drumont citait un compte de modiste qui atteignait dix-

(1) V. dans *Faiseurs de peines et Faiseurs de joies*, le chapitre *Égalité*.

sept mille francs par semestre. Aujourd'hui on ose parler de cent ou deux cent mille francs pour chiffons féminins. Une Américaine, célèbre par son luxe, dépense chaque année six cent mille francs en robes et en chapeaux ! Il s'agit de milliardaires évidemment, mais laissons-les de côté, et occupons-nous des fortunes courantes, là aussi, nous verrons que la toilette absorbe une partie disproportionnée du revenu familial, et cela est vrai jusqu'au dernier degré de l'échelle, car l'amour du colifichet a envahi toutes les classes.

On voit des femmes, dont les ressources avouables suffiraient au nécessaire, et qui sont pourtant très élégamment vêtues. Quelques-unes recourent à de tristes expédients, mais il en est dont les mœurs sont au-dessus de tout soupçon. Comment parviennent-elles à solder les comptes de leurs fournisseurs ? Car il faut payer, les gens riches parvenant seuls, aujourd'hui, à faire des dettes à longue échéance. C'est bien simple, par le sacrifice du bien-être et de l'hygiène des autres : le mari est mal nourri, les enfants également, leur garde-robe est misérable, et leur éducation négligée. Toutes les ressources de temps et d'argent servent à habiller la mère.

Des familles entières vivent pauvrement, ne s'accordant jamais le loisir d'une lecture ou d'une promenade à la campagne, occupées uniquement à coudre, à broder, à préparer des toilettes avec lesquelles mère et filles se pavaneront à certaines heures, dans les rues de la ville ou sur quelques plages à la mode, durant la saison d'été. Les misères intimes et secrètes qui se cachent sous ces dehors brillants, on ne les devine jamais assez ! Les énergies et les activités de ces pauvres âmes sont concentrées sur ce point unique : la parure ! La maison est mal tenue, le nécessaire manque, mais, à un moment donné de la journée, une baguette magique remplace les vêtements usés et salis par de belles robes fraîches, et l'on voit sortir du logis 'd'élégantes personnes, vêtues comme des femmes riches !

Ravies du résultat, elles ne se rendent pas compte de la misère et de la puérilité de leurs calculs et n'en perçoivent pas le côté honteux. Toujours la recherche de paraître et aucun souci d'être ! Il y a, dans cette conception de la vie, une telle absence de sens moral et de respect de la vérité, que rien ne reste debout dans ces consciences. C'est la dissimulation érigée en principe vital de l'existence.

De la bourgeoise pauvre, la contagion s'est communiquée à l'ouvrière. Les sociétés de patronage, fondées avec les meilleures intentions du monde, n'ont pas le courage de réagir contre cette tendance au luxe. Les jeunes ouvrières qui habitent une misérable chambre où une demi-douzaine d'êtres s'entassent, arrivent aux réunions du patronage avec des manches courtes et de longs gants de peau blanche montant jusqu'au coude ! Or, elles appartiennent presque toutes à des familles très pauvres et gagnent à peine quelques francs par semaine ! Comment se procurent-elles ces objets coûteux ? Admettons qu'elles soient restées innocentes, qu'elles n'aient pas eu recours aux ressources que la *générosité* masculine est toujours prête à offrir aux jeunes et jolis visages, leur manière de se vêtir indique du moins clairement à quelles égoïstes satisfactions leurs salaires sont employés. Quand les mères les prient d'en donner une petite part pour aider la famille, les demoiselles vingtième siècle refusent, et cette dure réponse sort de leurs lèvres : « Vous devez nous nourrir, ce n'est pas nous qui avons demandé à naître (1) ! »

---

(1) Voir le chapitre : *Les parents*.

Les jeunes travailleuses d'aujourd'hui ne rentrent pas toutes, heureusement, dans cette catégorie de filles cruelles et froides, il y en a encore de dévouées ; mais on a tellement enseigné au peuple qu'il avait des droits et plus de devoirs, que la poursuite de la jouissance a tari, dans la classe ouvrière comme dans les autres, du reste, les sources d'eau vive.

La mauvaise leçon étant partie d'en haut, c'est d'en haut aussi que la réforme doit venir. Le goût de la belle simplicité ne rentrera dans les esprits que s'il est imposé par ceux auxquels le manque de fortune n'en fait pas une obligation.

J'ai connu des femmes du monde qui allaient visiter les pauvres avec des boucles d'oreilles de trente mille francs, et qui n'avaient pas la plus vague notion de l'énormité qu'elles commettaient. Sans l'ignorance où nous vivons généralement de nos responsabilités et de la répercussion que nos moindres actes ont sur la vie et l'esprit des autres, des lacunes mentales de ce genre n'auraient pas été possibles. L'éducation de la conscience féminine n'est pas faite (on dira que la conscience masculine n'est guère plus avancée, mais cela tient à d'autres causes) ; le devoir des éducateurs est donc de rendre les jeunes gens et, en particulier, les jeunes filles, conscientes de la portée de leurs gestes, de leur enseigner que nous marchons tous dans la vie comme des phares allumés, — et plus le phare est élevé mieux on le voit, — et que, si nous ne tournons pas nos lampes du bon côté, nous risquons, sans le vouloir, sans même le savoir, de faire naufrager plus d'une humble barque.

※

Les hommes du vingtième siècle prennent un grand intérêt aux détails de la toilette des femmes. Autrefois, ils ne s'occupaient que de l'effet obtenu, sachant dire à peu près si une femme était bien mise ou fagotée; les détails leur échappaient. Aujourd'hui, ils ont appris à discerner, non seulement si la toilette est seyante, mais quelle est sa qualité; quelques-uns même peuvent dire quelle marque elle porte. Jadis, les maris grommelaient contre les notes des modistes et des couturières. De nos jours ils continuent à grommeler, car l'argent manque, mais ils mettent leur vanité dans l'élégance de leurs femmes, comme si le prestige de leur nom s'en augmentait. Un homme qui portait le poids de deux ménages avouait naïvement que son principal plaisir consistait à entendre dire, un soir de première: « Mme X... de la main droite est habillée par D. et Mme X... de la main gauche par P. » Il s'en sentait rehaussé à ses propres yeux, et pourtant il passait pour un homme d'esprit ! Cette préoccupation n'a rien à faire avec l'amour. On voit des femmes laides, âgées, désagréables même, poussées par leurs maris à de folles dépenses. Devant les médiocres résultats obtenus, l'on se demande avec surprise quelle est la raison de ces étranges prodigalités.

Les gens d'affaires, seuls, avaient jadis ce genre d'ambition; c'était, pour les industriels, pour les banquiers, les spéculateurs en tout genre, une façon de maintenir leur crédit. La moindre diminution de dépenses pouvant frapper défavorablement l'opinion publique, il fallait que leur luxe se maintînt sans cesse au même niveau, ou augmentât. Les robes de madame devaient porter la marque des maisons chères; de cette façon, ce qui sortait d'un côté rentrait de l'autre. Et le calcul pouvait être habile ! Aujourd'hui, cette préoccupation s'est généralisée: l'avocat, le médecin, le rentier estiment également, du moins dans certains grands centres, que leur clientèle ou leur situation s'accroît ou diminue suivant le degré d'élégance de leurs femmes.

N'est-ce pas là un abaissement singulier de la mentalité masculine ? Le phénomène n'a pas atteint les mêmes proportions dans tous les pays et dans toutes les villes, mais il ne faut pas s'imaginer y avoir échappé, car pour les plaies sociales il n'y a plus de frontières !

A force d'entendre louer par-dessus tout l'élégance, et en voyant les hommes se grouper avec plus d'empressement autour des robes coûteuses que des beaux visages, et donner plus d'importance au contenant qu'au contenu, le cerveau des filles d'Ève a quelque peu chaviré. Leur féminité, ce centre tout-puissant d'attraction, réside donc davantage dans leurs vêtements que dans leur personne ? Pour séduire, un couturier habile vaut donc mieux qu'un corps jeune et souple et que des yeux passionnés ? Le snobisme de la coupe et des grandes marques détrônait la beauté. On a vu, en ce genre, des phénomènes singuliers où l'absurde côtoyait le puéril, et l'on entend les plus colossales sottises sortir de bouches intelligentes. Le factice, l'artificiel sous toutes ses formes exerce un prestige sur les imaginations perverties. Il faut remonter à la décadence des civilisations anciennes, pour retrouver les mêmes mentalités. A la fin du dix-huitième siècle aussi, la préoccupation de la toilette féminime est prépondérante. On invente chaque jour des nuances nouvelles : *puce évanouie, saumon pâmé*, mais au moins, en ce temps-là, on avait de l'esprit et une certaine sentimentalité dans l'imagination et le cœur.

Même dans le peuple aujourd'hui, le goût des hommes pour la parure des femmes a pénétré. Les ouvrières, auxquelles on reproche leurs toilettes trop pimpantes, l'échafaudage de leurs coiffures, leurs parfums violents et leurs bijoux en toc, répondent carrément : « C'est le seul moyen de trouver un mari ! Si nous sommes simples, les jeunes gens ne nous regardent même pas ! » Et elles ne sont pas complètement dans le faux. Certaines fréquentations ont donné aux hommes de toutes les classes le besoin des reliefs de haut goût.

Le bon sens semble avoir déserté les cerveaux masculins et féminins. La lutte acharnée pour la vie, au lieu de les ramener à la simplicité, les en éloigne toujours davantage. C'est que la simplicité est fille de la virilité morale, et la virilité n'est pas le trait caractéristique de notre époque, dominée par le besoin intense de jouissance qui est le générateur de toutes les mollesses. On n'a plus honte de rien. A Londres, certaines couturières extra-élégantes offrent à leurs clientes des toilettes aux titres suggestifs et pervers ; or, elles font fortune et habillent le meilleur monde...

Mais, pour qui observe et sait voir, des forces secrètes, outre celles que nous venons d'énumérer, se dissimulent sous l'importance que les hommes semblent donner aujourd'hui à la toilette des femmes. En poussant celles-ci à l'amour désordonné du chiffon, en créant autour d'elles une ambiance qui les jette forcément aux pieds de ce dieu futile, l'homme obéit inconsciemment à l'instinct de la conservation. Sa suprématie est menacée, autour de lui, il entend gronder l'orage : la femme s'émancipe, demande l'instruction intégrale, l'égalité économique. Celles mêmes qui ne réclament pas les droits politiques et se contentent du mince bagage de culture, recommandé par Molière aux femmes de son temps, échappent, elles aussi, d'une certaine façon, au joug d'Adam et tendent à devenir des êtres libres.

Or, soyons justes, quel est le souverain

absolu assez désintéressé pour abandonner ses prérogatives autocratiques sans hésitations et sans regrets ? On ne trouve pas d'exemple d'un tel renoncement dans l'histoire. L'homme, au fond, regrette, même s'il ne l'avoue pas, la part de royauté qu'il perd, et il s'efforce de la retenir. Les armes qui ont servi, jusqu'ici, à assurer son prestige commencent à s'émousser : la femme est plus rebelle que jadis à l'amour, surtout la femme mondaine et brillante. Il fallait la ramener de quelque façon sous l'empire du maître.

L'homme a merveilleusement compris que, dans cette crise, il avait besoin d'un auxiliaire, et il a appelé la vanité à la rescousse. En jouant cette carte, il s'est montré habile, car la femme a immédiatement mordu à l'hameçon, et, d'un élan fou, s'est jetée aux pieds de l'idole que déjà elle vénérait dans son cœur.

Il y a une centaine d'années, Mme Necker de Saussure écrivait : « La toilette d'une femme ne doit se faire remarquer que par sa simplicité. » Qu'elle ait été peu écoutée, les vers de Scribe le prouvent :

> Oui, la toilette a toujours fait merveille,
> A tous les maux c'est un remède sûr.

Mais quelle différence cependant entre alors et aujourd'hui ! Le respect de soi-même, le désir d'être agréable aux yeux, le besoin d'harmonie, vieilles rengaines que tout cela ! Il s'agit actuellement d'une course vertigineuse dont de luxueux chiffons sont le prix, d'une lutte sans trêve où robes et chapeaux dansent une ronde échevelée. La femme ne se rend pas compte que ce steeple-chase absurde la met à la merci de l'homme, qui détient jusqu'ici et détiendra probablement toujours, la puissance économique. Les conséquences de cet état de choses sont faciles à tirer : si la femme se libère d'un côté, elle devient de plus en plus esclave de l'autre ! Aujourd'hui déjà, elle peut à peu près gagner sa vie, et les efforts de ses défenseurs tendent à lui ouvrir de nouveaux débouchés et à rétribuer davantage son travail ; mais pour son luxe, elle reste et restera tributaire de l'homme. En augmentant ses besoins, elle resserre sa chaîne. On a dit : « Quand les femmes soigneront davantage leur esprit, elles penseront moins à leur toilette. » Il était logique de l'espérer, mais le fait ne s'est pas vérifié encore, peut-être parce que leur culture reste quand même incomplète, ou bien parce qu'elles sont incapables d'aimer l'idée en soi, et que, pour y arriver, une longue évolution est nécessaire.

*
* *

Il est impossible de savoir, avant que l'épreuve n'ait été faite sérieusement, quelle est la meilleure part, c'est-à-dire s'il valait mieux, pour la femme, rester soumise à l'autorité masculine ou essayer de devenir un être libre. J'espère et je crois que dans l'avenir, — une fois que le moment de transition sera passé, — nous verrons des femmes meilleures, plus respectueuses d'elles-mêmes, plus conscientes de leurs droits et de leurs devoirs, plus capables d'être, pour l'homme, cette aide semblable à lui, dont parlent les premiers chapitres de la Genèse. En tout cas, une chose est certaine : Si d'être soumise aux volontés de l'homme par devoir, par religion ou par amour, pouvait représenter jadis la mission unique de la femme en ce monde, le fait de lui être soumise pour obtenir de sa vanité, ou de sa faiblesse, — fût-ce même de sa générosité, — de l'argent, des bijoux et des robes, est la plus dégradante des situations humaines !

Il y a des femmes riches qui peuvent, sans humiliation d'aucun genre, s'accorder toutes leurs fantaisies. Mais elles représentent une faible minorité, tandis que celles à qui ces fantaisies créent des difficultés graves sont légion. Que de honteux secrets, de misérables calculs et de cruautés, — dont les familles sont victimes, — se dissimulent sous les élégances qui éblouissent le public superficiel et excitent l'envie des femmes demeurées plus modestes, par manque d'audace ou par un reste de scrupules.

Si, par amour du luxe, les femmes prolongent les années de leur servitude, et si les modes absurdes que nous acceptons toutes, plus ou moins, font mettre en doute leur intelligence et leur bon sens, l'homme, en les poussant dans cette voie, fait également un pas de clerc, qui témoigne de sa maladresse naturelle.

Oui, il reste le maître apparent de la situation et garde le droit de mépriser la femme. Mais quel avantage réel en retire-t-il ? S'il est chef de famille, le bon ordre de sa maison en souffre. Il doit surveiller, non seulement le cœur de sa femme, mais les notes de sa couturière ! L'établissement de ses filles devient plus difficile ; autant de charges matérielles et de préoccupations morales dont il doit supporter le poids ! S'il est un mari infidèle, habitué aux liaisons irrégulières, quelles difficultés il aura, pour équilibrer son double budget ! S'il est garçon et veut se créer un *home*, les exigences du luxe féminin se dressent entre lui et le bonheur, car il ne s'agit plus de nouer les deux bouts, à la fin de l'année, et d'attribuer à chaque chapitre du budget la part qui lui revient logiquement ; il faut gonfler démesurément celui qui représente les toilettes de madame. La diminution des mariages, dont on mène si grand deuil, est due en partie aux exagérations de l'élégance des femmes. Les célibataires sont également victimes de cette farandole éperdue, non vers la gloire ou l'amour, mais vers le fragile chiffon.

Je voudrais me rendre compte de ce que l'homme gagne, au fond, à cet état de choses. Pour son bonheur réel, rien ! Avec des soins et du goût, une femme peut être ravissante, — si elle est suffisamment jolie et jeune, — sans dépenser une fortune chez sa couturière. Quant aux plaisirs de l'esprit, rien ne rend les femmes ennuyeuses, comme les préoccupations de la toilette. Elles oublient de vouloir plaire et amuser, occupées à examiner les robes des autres femmes, à les comparer aux leurs ! Il y a des cercles mondains très élégants, où l'on étouffe ses bâillements, à moins que les femmes n'aient très mauvais ton, ce qui contrebalance l'ennui qu'elles dégagent. Ce n'est donc pas son amusement que l'homme cherche, en entretenant chez l'autre sexe ces goûts exagérés de luxe. Alors que veut-il ? Des satisfactions de sottise ou de vanité ? De sottise, s'il se contente de se frotter à ce luxe ; de vanité, s'il pense qu'il le paye ou qu'on croit qu'il le paye : tout cela est bien mince comme plaisir. Aussi faut-il chercher ailleurs la raison de cette aberration du cerveau masculin. Elle procède, comme je l'ai indiqué déjà, de l'aveugle instinct qui pousse les hommes à essayer de conserver leur suprématie sur la femme. Ne pouvant plus la dominer autant que jadis par le cœur et les sens, ils tentent de l'asservir par la robe.

Si j'étais homme, je préférerais, je crois, l'ancienne méthode. Bien entendu, il n'est pas possible de retourner en arrière. Les points de vue ont changé, les points de départ également. Les hommes doivent s'en persuader : un élément nouveau est entré dans le monde social. La femme d'aujourd'hui n'est plus celle d'hier, il faut que l'homme fasse à nouveau sa conquête, en la respectant un peu plus qu'il ne faisait jusqu'ici. Ce ne sera pas difficile, car la guerre des sexes n'est, au fond, qu'un mot vide de sens. Les époques de transition sont toujours pénibles à traverser, mais ensuite, l'équilibre se rétablit. Pour hâter ce moment le concours des deux parties de l'humanité est indispensable. L'homme, pour garder la femme, ne doit pas la pousser à la maladive recherche du luxe. La femme, de son côté, doit ouvrir les yeux, discerner et déjouer le piège qui lui est tendu.

Le romanesque est passé de mode, et ceux qui en gardent quelque trace dans le cœur ou l'imagination sont obligés de le cacher avec soin. Je reconnais qu'il avait des côtés ingénus et absurdes qui pouvaient prêter au ridicule, mais il se rapprochait plus du sentiment que les calculs actuels, froids et arides.

Or, le sentiment, c'est toute la poésie de la vie. Supprimez-le, et l'existence ne mérite plus la peine d'être vécue. Rien ne le vaut et rien ne le remplace. Sans lui, la religion, la passion, tous les liens et tous les rapports humains perdent leur lumière et leur chaleur, deviennent des paysages gris et glacés que le soleil n'éclaire pas ! Que reste-t-il alors ? Le dogmatisme froid, l'assouvissement brutal et les intérêts communs. Vaut-il la peine de vivre pour cela seulement ?

Au contraire, dès que le sentiment entre en jeu, les plus menus incidents journaliers se colorent, les mots prennent une valeur, des pensées heureuses, douces et brillantes meublent le cerveau. Sentir fortement est une source de souffrances, mais aussi d'inépuisables joies, pourvu que nous ne soyons pas nous-mêmes l'objet de notre amour.

N'y a-t-il pas quelque chose de mortellement triste dans la vie de ces êtres qui rappellent, par leur froideur, les animaux inférieurs de la création ? ils donnent une impression de gel et d'humidité pénible et répugnante. On sent que leur imagination est aussi tarie que leur cœur; les seules images qui la remplissent sont les choses mortes et inanimées : vêtements, meubles, bijoux, tout ce qui représente la partie extérieure de l'existence. Ce qui devait être l'accessoire est devenu le principal.

La tendance très moderne de certaines femmes à vivre de plus en plus pour leur corps et pour ce qui le recouvre, pourrait avoir des effets désastreux sur le bonheur général; il faudrait s'armer et partir en guerre contre elle. Une jeune Américaine, à laquelle on disait, un jour où elle s'impatientait de devoir renoncer, pour une fois, à l'un de ses conforts habituels : « Mais il faut apprendre à commander à son corps, » répondit tranquillement : « J'ai l'intention, au contraire, de faire de lui *a pet* (1). » C'est une intention de ce genre qui obscurcit en ce moment beaucoup d'âmes féminines et détruit en elles la possibilité de la joie et le désir du divin.

Que toutes les femmes sages, simples et tendres — il y en a encore, Dieu merci ! — s'arment de perspicacité, qu'elles appellent l'intuition à leur aide et commencent une sérieuse campagne contre cette préoccupation maladive d'une jeunesse qui a fui et d'une beauté qui n'a peut-être jamais existé. Revues, journaux, tous sont remplis de recettes pour les soins du visage, de demandes et réponses sur la teinture des cheveux et la pommade pour les lèvres. Cette rubrique a toujours eu sa place dans des publications spéciales, mais aujourd'hui, elle a envahi la presse politique et littéraire. Jamais les poètes n'ont trouvé de mots plus ailés, d'adjectifs plus troublants que ceux dont chroniqueurs et chroniqueuses se servent, pour décrire les dernières toilettes portées aux courses ou au théâtre. Com-

---

(1) Un être choyé

ment une faible tête de femme vaniteuse pourrait-elle résister à de semblables récits ? Sous le Directoire, alors que le devoir des citoyennes semblait être de montrer généreusement la plus grande partie possible d'elles-mêmes, la mortalité fut si terrible chez les jeunes femmes et les jeunes filles, que la mode changea.

Sans attendre les avertissements de ce genre, les femmes sensées du vingtième siècle ne sauront-elles pas réagir contre ce courant absurde et ruineux ? A chacun son métier ! Quand on voit des femmes de conduite correcte ruiner leurs familles, sacrifier leurs enfants, embarrasser leur existence, se soumettre à des fatigues et se livrer à des combinaisons inouïes pour arriver à des élégances que leur fortune ne leur permet pas, on se demande à quoi bon ? Pourquoi ? Pour qui ?

Elles devraient se le demander à elles-mêmes. Je suis certaine qu'en les détournant de ces recherches fallacieuses on leur rendrait la joie ! Elles pourraient alors s'acheminer sur la route où la femme, par son essence plus délicate et son intuition plus fine, deviendra le flambeau des voies de l'homme, la compagne qui prévient le danger, dispense le bonheur et répand la consolation.

CHAPITRE VIII

LES PRIVILÈGES DE LA PAUVRETÉ

> Pour saint François, l'argent représentait vraiment le sacrement du mal.
> PAUL SABATIER.

Par pauvreté, je ne veux pas dire misère, je parle seulement de cet état médiocre de vie où les jouissances ne sont pas toujours faciles à atteindre et où l'homme est forcé de chercher ses plaisirs et ses joies dans le monde intellectuel ou sentimental. Évidemment, il faut qu'il ait en lui quelque esprit et quelque noblesse, car s'il en est dépourvu, il s'acharnera à la satisfaction de ses appétits et, pour les contenter, devra descendre très bas, ne pouvant jeter sur eux les voiles de poésie et d'élégance dont la richesse parvient à les recouvrir. Dans cette poursuite, son cœur s'aigrira, son âme s'abaissera, et la pauvreté deviendra pour lui un piège, et non un privilège.

Aussi n'est-ce point pour cette catégorie d'êtres que ce chapitre est écrit. C'est un bien autre langage qu'il faudrait leur tenir, de bien autres arguments qu'il faudrait employer et faire valoir. Pour le moment, je n'ai en vue que ceux auxquels les sources d'eau vive, cachées en leurs âmes, sont encore inconnues, personne ne s'étant occupé de les faire jaillir.

*
* *

L'habitude de se refuser à plaindre les riches des douleurs qui les frappent est très répandue chez les gens pauvres ou de fortune médiocre. Ils estiment, sans doute, que le privilège de la richesse suffit à tout adoucir, et qu'on ne peut jamais le payer assez cher. On dirait même qu'ils ressentent une sorte de satisfaction des épreuves qu'ils constatent, comme si, ainsi, justice était faite et l'équilibre rétabli. Je n'entends pas parler ici des cœurs méchants, envieux, amers, pour lesquels les joies des autres sont autant d'échardes plantées en leur chair, mais d'esprits relativement justes et bons, dominés pourtant par le préjugé que l'homme riche est nécessairement un homme heureux.

Sur quoi se base-t-elle, cette erreur ? Les philosophes et les poètes de l'antiquité ont célébré la médiocrité comme l'état heureux par excellence. Le christianisme, qui est la religion de l'Occident et a formé notre morale, tient le même langage. L'Évangile contient-il une seule phrase sur les privilèges de la richesse ? A-t-il un mot d'encouragement pour les riches ? Au contraire, il lance contre eux des anathèmes qui, si l'on n'en cherchait pas le sens caché, paraîtraient injustes, tellement ils sont sévères et vibrants. Aux yeux de Jésus, l'homme qui possède de grands biens est prédestiné au malheur puisqu' « il est plus facile à un chameau de passer par le trou d'une aiguille qu'à un riche d'entrer dans le royaume des cieux ». Pour se laver de cette tache, qui déjà *a priori* est une tache, il doit renoncer volontairement à ce qu'il possède : « Va, vends ce que tu as, et le donne aux pauvres. »

Dans l'Ancien Testament, on trouve, de ci et de là, entremêlées à beaucoup de malédictions, quelques bonnes paroles pour la richesse : *La richesse s'acquiert par le travail ; elle est ac-*

cordée à celui qui craint Dieu ; Dieu donne le pouvoir de l'acquérir ; la bénédiction de Dieu l'amène. Dans les Évangiles, au contraire, silence absolu sur tout cela ; sans doute, comme le disait un mauvais plaisant, parce que les Israélites avaient démontré que tout encouragement à cet égard était superflu.

Les anciens, dit Marmontel, pour proscrire les richesses, honoraient la pauvreté. Ils avaient, il est vrai, élevé des temples à la Fortune, mais il ne faut pas confondre l'adoration actuelle du veau d'or, qu'aucun Moïse ne parviendrait à extirper, brisât-il, sur les têtes même des idolâtres, les tables de la loi, avec le culte que les anciens rendaient à la déesse aux pieds ailés, car celle-ci représentait le succès sous toutes ses formes, même ses formes les plus nobles, et non pas simplement l'or qui peut acheter les consciences, mais est impuissant à donner l'amour ou la gloire. Ils sentaient toutefois que ce culte de la Fortune manquait de beauté, puisque l'idole était représentée chauve et aveugle, c'est-à-dire dépourvue de tout ce qui donne du charme à une figure de femme. Si les autels modernes étaient représentatifs, on verrait celui de la richesse paré des plus brillants attributs. La déesse triomphante foulerait aux pieds les vertus qui empêchent d'acquérir l'or, ou ne servent pas à le gagner.

Toutes les réalités représentant des forces, il est naturel que les possesseurs de la fortune lui soient attachés ; l'on comprend aussi que ceux qui ont l'espoir fondé de la conquérir, qui la voient se dresser prometteuse à leur portée, fassent un bond désespéré pour l'atteindre, mais l'attitude de la généralité des hommes, ceux que la fortune n'a jamais frôlés, même de loin, demeure inexplicable. L'adoration de Plutus ne leur rapporte rien, ils savent qu'ils resteront toujours dans la médiocrité, car leur carrière et leur tempérament les éloignent de la fortune, et pourtant ils s'aplatissent devant elle. Mazzini disait que la *Jeune Italie* était l'étoile polaire de ses pensées ; l'étoile polaire de la plupart des hommes est, non pas même l'or qui reluit et peut hypnotiser physiquement, mais des monceaux de billets de banque, souvent crasseux et d'origine douteuse.

Être riche ! Devenir riche ! Voilà le rêve, l'idéal ! Les pensées se concentrent autour de cette roue qui tourne. Le talent, le génie même ne valent que pour ce qu'ils rapportent. Dites qu'un compositeur, un auteur a gagné quelques centaines de mille francs avec un opéra, un livre, une pièce de théâtre, l'admiration pour son talent croît d'autant. Dites le contraire, et les applaudissements diminuent proportionnellement. Je parle pour la généralité des hommes ; ceux qui ont dans l'âme une source d'idées et de forces spirituelles échappent à la contagion, mais ils se comptent ! La jeunesse elle-même, jadis dédaigneuse de l'argent, en est devenue l'esclave. Il représente la cime de ses désirs et de ses aspirations et, ô lamentable déchéance, il a remplacé l'amour et la gloire !

Je ne veux rien exagérer, la vie est devenue de plus en plus coûteuse, les besoins se sont élargis, et il est naturel que chacun essaye d'améliorer sa position pécuniaire et d'assurer le sort des siens: jusqu'ici, rien que de très légitime. Sans parler de la misère affreuse et déprimante, manquer de l'argent nécessaire, pour assurer le bien-être de sa famille et l'éducation de ses enfants, est une pénible épreuve, et l'ardent désir d'en être délivré est explicable. Mais ce désir ne représente pas l'adoration vive de l'or pour l'or ; ce n'est pas l'or remplaçant, dans le cœur humain, tout autre culte.

Lorsqu'on constate cette idolâtrie aveugle de la richesse chez des êtres aigris par le malheur, ou le besoin, chez ceux qui ont souffert toute leur vie de désirs refoulés, d'amertumes jalouses, et n'ont jamais su comprendre le système de compensations établi par la sagesse divine, on trouve des excuses à leur état d'âme. Malheureusement, on voit cette passion avide chez des jeunes gens à peine éclos à l'existence, qui n'ont pas connu l'empoisonnement moral de l'insuccès habituel, des déboires renouvelés, des trahisons et des humiliations de la misère.

On peut affirmer, je le crains, que chez la jeune génération des deux sexes le désir de la richesse prime tous les autres; du moins c'est le courant général. Chez quelques-uns, cette soif se change en activité dévorante; l'intelligence se concentre sur le gain et le lucre, toutes les forces de l'imagination tendent vers le même objet; la volonté s'obstine dans cette recherche et finit par vaincre. Après des efforts, où l'homme étouffe en lui toutes les facultés qui pourraient l'éloigner du but, il finit par l'atteindre, il est riche! Ce que cette richesse lui donnera de bonheur est une inconnue qui garde son secret, mais enfin, il a décroché la timbale, il est arrivé à un résultat positif et pratique; il vit dans la réalité des choses. Mais ces hardis et entreprenants chercheurs d'or se comptent; la masse languit et se ronge en de stériles regrets et de puériles espérances, puisque la force et l'intelligence nécessaires à leur réalisation manquent.

L'une des plus tristes conditions, en ce monde, est celle des gens qui désirent continuellement ce que la destinée n'a pas l'intention de leur donner, et ce que leurs capacités ne leur permettent pas de conquérir. Les personnes qui ne savent ni renoncer à ce qu'elles veulent, ni l'obtenir, m'ont toujours inspiré une pitié à laquelle un peu de dédain se mêlait. Laissez faire le destin, soyez stoïquement indifférent, résigné si vous ne pouvez être indifférent, luttez pour vaincre si vous ne pouvez être résigné, mais, pour l'amour de Dieu, ne restez pas inerte, à vous remplir l'âme d'envie et d'amertume, en regardant les fruits que votre main ne peut atteindre !

Ce lamentable état psychique est celui de nombreux esprits. « Ah ! si je pouvais être riche ! » Pour eux la richesse est le remède merveilleux, le baume magique qui guérit toutes les plaies... Avec un peu de discernement et d'observation, ils se convaincraient bien vite de leur erreur. La fortune, — je ne parle pas de l'aisance, — est une cause d'esclavage, tandisque la médiocrité, sagement acceptée, donne la liberté et le bonheur, puisqu'elle impose le travail et éloigne l'envie.

**

Qui n'a senti la tristesse de voir monter autour des pauvres riches la marée effrayante des sentiments jaloux. Ils ne peuvent y échapper que par la générosité sans limites, et d'ordinaire ce n'est pas sur l'arbre aux fruits d'or que cette vertu croît le plus fréquemment. Chacune des manifestations de la fortune produit, dans un grand nombre de cœurs, un flot tumultueux et empoisonné de pensées malveillantes. C'est comme un souffle délétère qui passe sur les riches et attriste leurs fronts: ils éprouvent un malaise dont ils ne savent se rendre compte. Si l'on croit à l'influence des pensées ambiantes, l'atmosphère d'amertume et d'envie qui se forme spontanément autour d'eux, doit être un lourd droit de péage. Même lorsqu'ils donnent une part de leur superflu, la reconnaissance leur est généralement refusée, cette reconnaissance qui pourrait faire entrer un peu d'oxygène dans l'air saturé de jalousie qui empêche leurs cœurs de se dilater. Les exceptions confirment la règle, et certaines personnes font un si noble usage de leur fortune, que le respect et la gratitude les entourent. Mais, tout de même, l'envie monte autour d'elles, celle des inconnus qui ignorent leurs bienfaits. Et si vous mettez en relief leurs actes de générosité, on refuse d'en reconnaître le mérite, sous le prétexte qu'elles ne font aucun sacrifice en les accomplissant. N'a-t-on pas raison de dire quelquefois : « Pauvres riches » !

La médiocrité confère encore un autre privilège, celui de l'indépendance ! On se récriera : « Mais comment, c'est là justement ce qui donne du prix à la richesse ; ne dépendre de personne, pouvoir disposer de son temps, pouvoir satisfaire ses goûts ! » Oui, dans un sens limité peut-être, mais dans l'ensemble, à quel esclavage sont soumis les gens très riches ! Mis en vue par leur fortune, ils sont observés, guettés, on attend d'eux l'accomplissement d'une foule d'obligations mondaines et sociales. S'ils y manquent, tout le monde censure cette audacieuse indépendance. Un jour que je me révoltais, en entendant critiquer une personne digne de tous les respects et de toutes les sympathies, et que j'exprimais mon étonnement de ce blâme immérité, mon interlocuteur répondit : « Vous avez raison, elle est admirable, mais ne l'oubliez pas, elle possède une grosse fortune ; lorsqu'on atteint ce chiffre, il faut se soumettre à certaines exigences mondaines, sans quoi, à la masse des envieux se joint celle des désappointés. »

C'est là un redoutable esclavage dont les esprits supérieurs, seuls, savent se délivrer ; l'aisance vous en sauve, la médiocrité mieux encore, la pauvreté également.

La célébrité, la notoriété exposent aussi à une surveillance active de la part des désœuvrés, mais elle est moins gênante, les personnes qui s'intéressent aux illustrations étant relativement peu nombreuses. L'argent, au contraire, exerce une attraction générale, tout le monde attend quelque chose de lui ; c'est donc vraiment l'argent qui entrave la liberté. Mille yeux curieux suivent, scrutent, analysent ceux qui le possèdent. S'ils s'écartent de la route que l'opinion publique leur trace, ils sont immédiatement dénoncés à la critique et poursuivis par ses jugements malveillants. A la horde des pensées envieuses, se joignent les paroles méchantes qui flottent dans l'air, et dont on sent la présence quand même on ne les entend pas. Le phénomène est positif : la richesse, par l'ambiance qu'elle produit, empêche, au moral, le bon fonctionnement des poumons, Or, de ce fonctionnement dépendent l'inspiration, la joie, l'indépendance du cœur.

Nous avons tous connu des gens dont l'existence s'écoulait heureuse dans la médiocrité ou la simple aisance ; ils étaient actifs, généreux, libres et trouvaient dans la vie des sources sans cesse renouvelées d'intérêt. Soudain, une grande fortune leur échoit. Changement à vue : la générosité s'amoindrit, l'activité diminue, les intérêts se déplacent et se vulgarisent, mille préoccupations, inconnues jusqu'alors, viennent rider leur front. Rien de plus difficile que de savoir supporter la richesse subite. Un dicton italien cite parmi les périls qu'il faut éviter avec soin :

> Dio ti salvi da furia di vento
> E da frate che è fuor di convento
> *E da ricco che fu poverino,*
> E da donna che parla latino.

En effet, sauf des cas rares, la richesse n'améliore pas, n'élève pas, car elle développe le *personnalisme*(1), cet ennemi de la sérénité et du progrès. Outre qu'il est le centre autour duquel gravitent les pensées jalouses, la curiosité et la critique, l'homme très riche perd vite le sentiment de la saveur des choses. Pouvant satisfaire tous ses désirs, il cesse presque d'en avoir. Le stimulant lui manque, il touche à tout, et rien ne le contente ! Ce qui cause un vif plaisir à un jeune homme de condition modeste, est presque une corvée pour son compagnon trop fortuné. Désirer, c'est ce que la vie donne de meilleur ; or, le riche ne désire plus que rarement, puisque, dans le plus grand nombre des cas, sa fantaisie peut se changer immédiatement en réalité.

Le même phénomène se renouvelle sans cesse : le fruit qui roule à vos pieds, sans que vous ayez soif, vous ne le ramassez même pas. Faut-il un grand effort pour le cueillir, sa saveur devient délicieuse ! La Bruyère a raison de dire : « De grandes richesses sont l'occasion prochaine d'une grande pauvreté », car l'absence de désirs représente une immense misère. Celui qui ne désire plus a, au fond, cessé d'exister. Certes, il est bon que le

---

(1) Voir le chapitre : *Les Fils de Narcisse*.

goût des satisfactions matérielles ou vaniteuses s'atténue dans les âmes, mais pour être remplacé par la soif ardente des dons spirituels et de la connaissance des forces divines. Dans cet ordre-là aussi, la richesse est un empêchement, c'est-à-dire que, semblable à Louis XIV, sa grandeur l'attache au rivage. Au lieu de grandeur, disons plutôt les mille chaînes invisibles que les plaisirs trop faciles lui forgent.

L'école matérialiste prétend que le développement intellectuel d'une nation est en raison directe de sa prospérité, et que le cerveau d'un homme bien nourri et bien vêtu produit plus que celui des êtres moins bien partagés. Cette théorie est souvent démentie par les faits. Dans combien de cas ne voit-on pas la trop grande prospérité matérielle détourner de l'intellectualisme? Quelle est la sphère sociale où se recrutent les écrivains, les artistes, les savants? Sauf exception, ce n'est pas chez les riches. Il y a, dans tout homme, une brute plus ou moins assoupie que les appétits sensuels travaillent; la possibilité de les satisfaire trop aisément la tient éveillée. Celui qui n'a pas à sa portée la source des divertissements matériels est, par conséquent, plus libre de se consacrer à l'étude, aux recherches, à la lecture. On me répondra que, quand on gagne sa vie, le temps manque pour la culture de soi-même. Je répliquerai par une simple question : Les passionnés des choses de l'esprit, à quelle classe appartiennent-ils d'ordinaire? A celle des riches oisifs ou à celle des travailleurs?

* * *

Arrivons maintenant au suprême privilège de la pauvreté : le travail ! c'est-à-dire la victoire sur la paresse, cette maladie mortelle de l'âme, cette dépravante compagne, cette destructrice de l'honneur et de la joie.

La paresse est vraiment, pour la plupart des hommes, l'irrésistible tentatrice et la source du mécontentement intérieur qui les ronge. Les riches ont naturellement beaucoup de difficulté à la vaincre. Quand on lui cède, un malaise horrible envahit le cœur. Ceux qui doivent travailler pour vivre et faire vivre ne le connaissent pas et ignorent combien lourdement il pèse sur les existences. Être forcé de travailler, quelle bénédiction ! C'est tellement vrai qu'on est tenté de se demander si le : « Tu gagneras ton pain à la sueur de ton front », n'a pas été une récompense plutôt qu'une malédiction. La plupart des gens ne s'en rendent pas compte et se plaignent de manquer de loisirs. Oui, certes, il en faut, pour se recueillir et observer, mais si le loisir signifie l'inaction ou la possibilité de s'agiter dans le vide de façon pétulante, mieux vaut ne pas le connaître. Ceux qui ne sont pas appelés à choisir me paraissent donc les privilégiés.

Une bénédiction se cache dans tous les genres de travail, mais le labeur intellectuel est évidemment celui qui procure le plus de satisfactions à l'homme. Les jouissances de l'esprit ont une vertu magique, car elles donnent un sentiment de liberté et en même temps de possession. En effet, quel est le réel possesseur d'un chef-d'œuvre, celui qui, en étant propriétaire, n'a ni le goût, ni l'intelligence nécessaires pour en voir et en apprécier les beautés, ou celui qui, cultivé d'esprit et doué de sens artistique, vient, de loin en loin, l'admirer et en jouir? Il n'y a pas de doute, le véritable possesseur du chef-d'œuvre est l'homme qui le comprend et qui l'aime.

Pour toutes choses, il en est ainsi. Rien ne nous appartient que ce que nous comprenons! Si nous n'en sommes pas dignes, nous avons beau avoir acheté des merveilles ou les avoir reçues en héritage, elles ne sont pas à nous, et leur véritable possesseur est celui qui connaît leur âme secrète. Par conséquent, dans l'ordre intellectuel, le jeune homme qui, né dans la médiocrité, se voit forcé au travail a sur ses compagnons riches des avantages réels. D'abord, l'atmosphère où il évolue est plus saine, il est plus indépendant, puisqu'il excite moins la curiosité et la critique ; ayant encore des désirs, il a des plaisirs certains : plaisirs d'espérance et parfois de réalisation ; il ne connaît pas le malaise horrible de l'inaction ou de l'agitation stérile ; moins tenté par la vie extérieure, il peut se recueillir davantage, rechercher les choses de l'esprit, jouir des beautés de la nature et de l'art.

Dans l'ordre matériel également, la médiocrité de fortune offre des avantages. Ainsi, des objets longuement désirés, et obtenus au prix d'un effort de travail, représentent une satisfaction autrement grande que les commandes faites indifféremment par la jeunesse riche.

L'intérêt qu'offre la carrière ou la profession choisie est inconnu aux oisifs ou à ceux qui en essaient une par simple dilettantisme, bien décidés à l'abandonner au premier obstacle.

Les grandes fortunes ont aussi le désavantage de faire vivre dans un monde factice, c'est-à-dire à côté de la vie, de ses réalités douloureuses et de son sens profond. L'homme très riche, à moins qu'il ne soit un *self made man*, reste souvent incomplet, parce que ses contacts sont trop restreints : beaucoup d'envieux, quelques flatteurs, et un petit nombre d'égaux dont la pensée est bornée, voilà son entourage et les sources où il s'abreuve. Au contraire, l'homme qui doit étudier, travailler et lutter subit, il est vrai, des contacts déplorables et dangereux, mais ceux-ci aiguisent son intelligence et lui font mieux pénétrer les grandes lois de l'existence humaine et universelle.

Dans l'ordre des sentiments également, la douceur des affections est sentie davantage par ceux dont la vie s'extériorise moins, qui se répandent moins et mènent une existence silencieuse que le travail absorbe. Il devrait en être ainsi logiquement, et cependant le sentiment est chose tellement individuelle, qu'il est impossible de le classer par catégories ; il peut dominer entièrement l'âme d'un milliardaire et être inconnu à celle d'un intellectuel ou d'un travailleur. Toutefois, indiscutablement, l'existence des uns rend l'intimité difficile ; les sollicitations du dehors étant très fortes, la vie de famille est forcément plus décousue ; le monde, le sport, l'automobile empêchent le recueillement de l'intimité. On a aussi moins besoin de l'aide des autres, besoin qui est senti vivement dans les situations modestes.

Pourquoi donc envier la richesse et ses privilèges ? La médiocrité a les siens, et ils sont si considérables que je ne sais si la balance ne penche pas de leur côté.

*
* *

Je n'ai point l'intention de faire ici le procès de la richesse, car la richesse c'est la puissance, c'est la possibilité de répandre le bien-être, de relever les courages et d'essuyer les larmes, et je connais des riches qui font un si noble emploi de leur fortune, suivant le plan divin, qu'il faut s'incliner devant eux. Cependant, la richesse, étant faite de la sueur des autres, ne peut être considérée comme une bénédiction, et saint François l'appelait le sacrement du mal. Donc, au lieu d'envier les riches, il faudrait les plaindre, puisque tous ceux qui sont chargés d'un pesant fardeau méritent la compassion. Or rien n'est aussi lourd à porter que les biens dont on est responsable et dépositaire. Les riches qui sentent leurs devoirs envers l'humanité ne sont plus menacés d'anathème, mais ils ont une tâche difficile à accomplir, et la sympathie des autres hommes doit les accompagner. Quelques-uns comprennent si profondément leurs responsabilités, que la richesse est, pour eux, une épreuve, mais le nombre de ces délicats est limite. Devenus libres par cet état de leur conscience, ils ne sont pas *possédés parce qu'ils possèdent*, suivant la belle expression de Paul Sabatier.

Sans arriver à ces hauteurs, les riches, en acceptant simplement le rôle de faiseurs de joies et de consolateurs, éviteraient les conséquences de la malédiction prononcée contre eux par le fils de Marie. Une cause éliminerait l'autre ; les effets de la générosité remplaceraient ceux de l'égoïste jouissance. Malheureusement, une grande fortune durcit en général le cœur. Je l'ai dit déjà, que de gens généreux qui étaient dans l'aisance et même dans la pauvreté, ferment à double tour, aussitôt devenus riches, leur sensibilité et leur bourse ! C'est qu'ils ont commencé à aimer l'argent en soi, et non plus seulement comme un moyen. Le cœur de l'homme a de tristes recoins où l'avarice, la paresse et leurs compagnes de chaînes sont accroupies comme des bêtes immondes toujours prêtes à bondir au moindre appel. L'argent a le triste pouvoir de les réveiller toutes.

Quand la fortune a été gagnée par l'intelligence et par le travail, elle est sanctifiée et assainie par ses origines de labeur et de volonté, mais, tout de même, elle démoralise promptement ceux qui l'ont acquise, simplement parce que l'oisiveté les guette et les développe. Une vérité s'impose. Désormais, aucune dignité véritable ne peut exister hors du travail, et je dirais presque de la lutte. Ceux qui vivent sans connaître l'un et l'autre ne sont que des demi-hommes. Tout ce qui peut nous maintenir dans cet état d'être inachevé et incomplet représente donc un piège qu'on doit se féliciter d'éviter. On me citera des savants, des hommes d'État illustres, qui étaient possesseurs de grandes richesses. Oui, certes, mais la plupart d'entre eux se sont formés dans la médiocrité, et la fortune leur est venue plus tard, ou bien ils appartenaient à des familles dont les traditions, — par les savants ou les hommes politiques qu'elles avaient comptés, — les soutenaient contre les assauts de la paresse et du plaisir. En général, l'homme dont l'éducation a été faite de loisirs et de luxe n'apporte qu'une faible contribution aux forces vives d'une nation. Les apôtres ne se recrutent guère dans leurs rangs, car il faut avoir pénétré au cœur de la bataille, avoir travaillé, souffert et lutté, pour comprendre réellement la vie, et de quelles eaux vives les âmes ont besoin.

On a dit : « Travailler peu ennuie, travailler beaucoup amuse. » Ces mots contiennent une philosophie profonde. Si tous les jeunes gens les prenaient comme règle, la triste foule des oisifs pauvres et mécontents de leur sort disparaîtrait et serait remplacée par celle des joyeux travailleurs. Que la jeunesse en soit persuadée, les biens matériels, quand ils dépassent l'aisance, sont une entrave au libre développement de l'être. Or, pour ceux qui croient à une destinée immortelle, le bien suprême est le développement de l'âme, son évolution vers le divin. Tout ce qui l'empêche ou l'entrave devrait, logiquement, être considéré comme un malheur.

Loin de moi la pensée d'exclure les riches

de l'enrichissement spirituel. Ils peuvent y prétendre comme les autres, car leur part ne se limite pas aux satisfactions que donnent l'indépendance matérielle, les plaisirs raffinés, la possibilité d'assurer le sort des enfants, de soigner leur santé, de préparer leur avenir, ni même celle de connaître la joie des larges aumônes. Ils auraient actuellement un grand rôle moral à remplir et ne semblent pas s'en douter. Je ne toucherai ici qu'un seul des côtés de ce rôle.

Ce qui manque à notre époque, c'est une opinion publique. Les difficultés, sans cesse croissantes, de la vie, les ménagements que la nécessité de gagner le pain quotidien impose, le réseau d'intérêts qui enveloppe les hommes, tout cela empêche ceux-ci d'exprimer nettement leur pensée et de formuler des jugements sincères. Cette tâche devrait être réservée aux gens auxquels la fortune assure l'indépendance et qui n'ont besoin de ménager personne. Mais pour jouer ce rôle, il faut le discernement que donne une haute culture. Les classes riches devraient former une aristocratie de l'esprit, nourrie d'idées larges, et consciente de ses responsabilités.

Dans toutes les questions sociales, morales, intellectuelles, ce groupe d'hommes formeraient l'opinion, et contre leurs sentences il n'y aurait pas d'appel ! Mais, je le répète, une haute culture serait nécessaire, et la haute culture n'est guère de mode chez les heureux de ce monde. Cependant les modes peuvent changer, et il suffirait qu'une petite élite commençât. Les efforts des personnes qui comprennent la nécessité de créer une opinion publique devraient s'employer à la former. Si les classes soi-disant privilégiées ne sortent pas de l'ignorance élégante où elles se complaisent, se contentant tout au plus d'une culture superficielle, non seulement elles ne pourront pas guider l'opinion, mais elles perdront tout prestige. Vivre hors du mouvement de son époque est une sorte de suicide. Pour rester vivant, il faut combattre, être en rapport avec tout ce qui bouge et s'agite. La grande influence exercée par les riches chez les anciens Romains, dépendait en partie de leur clientèle, de cette foule d'intérêts divers qui s'agitaient autour d'eux et les maintenaient en contact avec toutes les classes de la population. Ces habitudes disparurent avec le monde romain. La tendance à s'isoler, à vivre uniquement pour soi-même, dans un cercle restreint d'égaux, a prévalu peu à peu chez les possesseurs des grosses fortunes. Quelques-uns, aujourd'hui, commencent à sortir de leur exclusivisme et à rentrer dans le mouvement général, par la philanthropie et les œuvres sociales, mais ils sont encore en petit nombre.

Pourquoi toutes les aristocraties, celles du talent, de l'argent et du nom ne s'allieraient-elles pas pour former un corps qui, tout en ayant les yeux largement ouverts sur l'avenir, défendrait ce qui, dans le passé, mérite d'être conservé. La politique serait écartée, un seul but réunirait les efforts : le bonheur des générations futures auxquelles nous avons le devoir de conserver leur part d'héritage, sans entraver leur libre mouvement vers des destinées meilleures.

Mais je me suis écartée de mon sujet, revenons aux privilèges des situations modestes.

*
* *

L'idée que le bonheur est attaché à la richesse est tellement ancrée dans le cerveau de la jeunesse actuelle qu'il faudra de nombreux efforts collectifs pour l'en arracher. Le désir, ou plutôt la convoitise ardente des biens matériels, domine les cœurs. On me répondra : « Sans ce désir, il n'y aurait pas de progrès. » Et pourquoi donc ? Il est absolument naturel, je l'ai dit déjà, que l'homme veuille améliorer sa position, pour acquérir et donner aux siens l'aisance qui assure la dignité et la liberté. Mais la soif de la richesse est autre chose. Pour juger d'un phénomène, il faut en examiner les conséquences. Or que voyons-nous ? Des âmes avilies par la recherche avide de l'or, des hommes qui vendent leur nom, des femmes qui vendent leur corps, des gens qui marchandent leur conscience, leur liberté, leurs sentiments.

Mettre une digue à ce commerce dégradant, ne serait-ce pas délivrer l'humanité d'un infâme esclavage. On me répondra : « Supprimez la misère, et la plaie que vous déplorez se cicatrisera d'elle-même. En est-on bien sûr ? Les êtres qui font de la richesse le but de leurs aspirations ardentes ne sont pas les misérables auxquels manque le pain quotidien, mais bien plutôt ceux qui aspirent au superflu et à toutes les jouissances du luxe. Le mot magique : argent ! les affole. Les socialistes, par leur théorie du droit au bien-être, ont fait pénétrer cette aspiration dans les classes populaires. Où s'arrêtera-t-on ur cette voie ? Je n'insisterai pas sur les aberrations morales auxquelles ce besoin conduit les femmes. Passions, amours, fantaisies, que vous êtes donc loin ! De quelle boue sont donc aujourd'hui pétris les cœurs ? Vente et achat ! Le gain justifie tout ; tout s'évalue au dollar. C'est devant lui que les âmes s'aplatissent.

Nous, les Latins qui avons de si belles et de si hautes traditions, nous dont la civilisation remonte si loin dans le passé, pourquoi acceptons-nous le credo des races nouvelles qui datent d'hier ? On parlait récemment de canoniser Christophe Colomb. — « Ah ! non, par exemple, s'écria une Italienne au franc parler. L'idée est baroque, absurde, immorale ! » — « Comment immorale ? Ce génie était un brave homme ! » — « Un brave homme ! Et il a découvert l'Amérique, il a fait de nous de plats valets de l'argent. Et vous voulez le canoniser ? Ah ! non ! par exemple ! »

Une boutade n'est pas un raisonnement, mais toute campagne tendant à éloigner la jeunesse du culte des faux dieux et à lui faire chercher en elle-même les sources profondes et claires qui seules procurent la joie, pourrait aider à remettre en équilibre notre pauvre monde.

CHAPITRE IX

LES AMIES DE L'HOMME

> Une vierge est dans ta maison,
> Frêle, pudique, — observatrice :
> Dès lors il faut que ta raison
> Prenne le pas sur ton caprice.
>
> Louis Legendre.

Sous ce titre, je range toutes les femmes qui sont des amies pour l'homme : de la mère à la fille, en passant par les relations fraternelles, amoureuses et amicales qui ont uni jusqu'ici les êtres humains et les uniront toujours. Je ne crois nullement, à une société future où les deux sexes seraient en perpétuel conflit, l'un disputant à l'autre les positions acquises et l'autre les défendant âprement. Il n'y aurait d'armistice que durant les rapides contacts, destinés à assurer la continuité de la race, et qui laisseraient les âmes plus distantes encore qu'elles ne l'étaient auparavant.

Si pareille transformation s'accomplissait,

toute douceur disparaîtrait de la vie, pour un sexe comme pour l'autre. Les hommes en souffriraient plus que les femmes, car il resterait à celles-ci le tendre instinct de la maternité. Plus tard le conflit pourrait surgir entre les fils et la mère, mais, du moins, pendant quelques années, celle-ci connaîtrait la consolation de chérir et de protéger. L'homme n'aurait même pas ces joies fugitives, l'instinct de l'amour paternel étant peu développé chez lui. Il ne connaîtrait que le côté âpre des relations humaines. Dans sa mère, dans ses sœurs, dans ses filles, dans sa compagne, il verrait les représentantes d'un sexe rival contre lequel il devrait sans cesse se défendre et lutter. Plus d'abandon, plus de confiance ! Chacun tiendrait un fusil sous le bras, prêt à en lâcher les coups, et l'amour deviendrait forcément brutal et cruel. Il ne resterait que le lien des intérêts communs, si le mariage survivait à cette bourrasque. Mais ce lien suffirait-il à maintenir l'organisation de la famille ?

Je suis persuadée que rien de tout ceci n'arrivera, le malaise actuel n'est que passager ; il faut donc l'envisager sereinement, dans ses causes et dans ses effets, comme une manifestation transitoire, et regarder au delà.

*
* *

Pour porter un jugement sur la situation actuelle des sexes l'un vis-à-vis de l'autre, une grande impartialité est nécessaire, et il faut se débarrasser des préjugés inutiles qui encombrent notre mentalité.

Reconnaissons-le, tout d'abord, il y a eu des torts des deux côtés, et chacun a le droit de se plaindre. Il suffit de regarder autour de soi, pour que cette vérité apparaisse évidente. L'homme a abusé de ses privilèges, et toutes les fois que les révolutions politiques ou les courants d'opinion lui ont permis de réformer les lois, il l'a fait, presque toujours, à son unique avantage, excluant la femme des améliorations et des libertés qu'il s'octroyait à lui-même. Pourquoi ne pas avoir appliqué à sa compagne les doctrines de justice et d'égalité devant la loi qui, depuis plus d'un siècle, régissent le monde, du moins en théorie ? Pourquoi ne l'a-t-il pas libérée, économiquement, de façon spontanée, comme l'on accomplit un acte que la conscience impose ? Pourquoi absorbe-t-il à son profit des métiers qui sont évidemment du ressort de l'autre sexe, et lui enlève-t-il ainsi le gagne-pain auquel celui-ci aurait droit ? Pourquoi laisser la femme légalement désarmée, et se réserver le pouvoir d'abuser d'elle pour ses plaisirs et à son avantage ? Pourquoi lui imposer la ruse et l'hypocrisie comme les seules armes de défense, et la mépriser ensuite parce qu'elle s'en sert ? Les pourquoi pourraient se multiplier à l'infini. Certes, l'homme ne s'est pas montré généreux et la femme s'en est vengée, à sa façon, en cessant de lui donner, sans réserve, son cœur et son dévouement.

En certains pays, les femmes tiennent encore infiniment à l'opinion des hommes (1), par une habitude héréditaire et par la loi de nature, mais, en d'autres, la femme ne voit plus guère dans l'homme qu'un banquier sur lequel il faut tirer le plus possible, ou un appui social que sa vanité exploite. Si l'on pouvait surprendre les rêves des jeunes fiancées d'aujourd'hui, on verrait quel maigre rôle y joue l'imagination et le sentiment. Ce sont des sources qu'on a négligé de faire jaillir. Quelqu'un, dans l'avenir, les découvrira peut-être ; mais ce sera trop tard pour le bonheur ! Bref, si l'homme n'a pas voulu faire participer

---

(1) Voir dans *Faiseurs de peines et Faiseurs de joies* ,le chapitre : *Ce que les hommes pensent des femmes*.

sa compagne aux privilèges que lui apportaient les doctines nouvelles, elle, de son côté, s'apprête à l'isoler de son foyer. Il n'est plus le centre autour duquel convergaient les âmes féminines de la maison. On ne croit plus guère à sa valeur morale ; il ne règne plus qu'au point de vue économique et social, et dans beaucoup de familles on se ligue volontiers aujourd'hui contre l'opinion du mâle.

L'homme, de plus en plus absorbé par l'existence extérieure, la recherche de l'argent et du plaisir, ne s'aperçoit pas qu'il est dépossédé. Une tristesse l'oppresse, sa vie devient de plus en plus lourde, et il n'en devine pas la raison. S'il note certains symptômes, il ne s'en alarme point, il réserve sa colère pour les revendications féministes, pour l'envahissement de l'université par les étudiantes, leur entrée dans les professions libérales, la haute culture demandée par la femme, et, abomination des abominations, le droit de vote ! Il brandit son épée contre ces moulins à vent, sans s'apercevoir que son foyer est miné par un féminisme bien plus redoutable que celui des suffragettes ou des employées des postes et des banques. J'ai dit des moulins à vent, non par manque de respect pour le mouvement actuel, mais parce que le nombre des femmes qui s'astreindront à des études sérieuses et prolongées représentera, longtemps encore, une minorité qui ne fera pas grand tort aux intérêts masculins. Je crois, du reste, malgré les impertinentes théories d'Érasme, que l'homme aurait tout à gagner à la culture de la femme (mère, sœur, fille ou épouse), à tout ce qui augmentera sa compréhension, à tout ce qui la rendra plus apte à la vie et à l'amour.

Au lieu de le comprendre, il perd son temps, avec une puérilité désolante, à combattre un mouvement qui, lorsqu'il sera dégagé de ses exagérations ridicules et de ses prétentions absurdes, donnera des résultats dont il sera le premier à bénéficier, et il ne discerne pas, auprès de lui, le péril terrible qui le guette. Ce ne sont pas les rares savantes, les artistes, les écrivains, les éducatrices qui détruisent peu à peu la position de l'homme dans la famille, mais c'est toute la cohorte des femmes ignorantes et frivoles qui mine sourdement la prépondérance masculine, en réduisant l'homme au rôle de pourvoyeur de son bien-être. Celles-là aussi se déclarent contraires aux justes réformes que leur sexe demande, mais l'esprit de rébellion les a pénétrées, elles proclament leur droit au luxe, au plaisir, aux jouissances de la vanité. Aucune ne consent plus à rester dans l'ombre ; elles veulent se montrer partout, briller n'importe comment, affirmer leur personnalité. L'idée américaine que le mari doit gagner beaucoup de dollars pour mettre sa femme en valeur a envahi peu à peu l'âme des Européennes, et le besoin de chérir et de se dévouer est en train de déserter leur cœur.

Chez les travailleuses sérieuses qui ont appris à connaître l'échelle des valeurs, et savent que, hors du sentiment, il n'y a pas de douceur réelle, on trouve encore un coin d'idéal. Mais chez les autres, les *vraies femmes*, comme on se plaît à les nommer, la frénésie de l'élégance (1) a remplacé la tendresse. Pour arrêter en elles le développement de goûts plus sérieux et les distraire du désir d'une existence plus digne, les hommes poussent les femmes dans cette direction. Comme je l'ai dit ailleurs, elles ne s'aperçoivent pas du piège, et y tombent. Les hommes, avec une ingénuité tout aussi grande, ne se rendent pas compte que le piège tendu aux femmes se retourne contre eux, car, peu à peu, celles-ci ap-

---

(1) Voir le chapitre : *Les Femmes et la toilette.*

prennent à vivre pour elles-mêmes, n'ayant plus qu'une préoccupation : la mise en valeur de leur personnalité vaniteuse.

Tout cela est gros de conséquences morales autrement graves que les prétentions les plus hardies du féminisme outrancier, les hommes devraient le comprendre et, dans leur propre intérêt, encourager les tendances de leurs sœurs, de leurs filles, de leurs compagnes, vers une vie meilleure, plus intelligente, plus compréhensive, plus réelle. Si elles ne prennent pas cette voie, elles s'engageront sur l'autre, et l'autre sera la désorganisation de la famille, amenée par la frivolité, la vanité et le goût désordonné du luxe qui, après avoir été jadis l'apanage de certaines catégories, s'est emparé peu à peu de toute l'âme féminine.

Retourner en arrière, voilà le souhait de beaucoup d'esprit qui rappellent avec complaisance que lorsque le grand Condé épousa Mlle de Brézé, celle-ci ne savait ni lire, ni écrire ! Mais serait-ce désirable ? Du reste les courants ne se remontent pas. Il faut donc les suivre, mais la marche en avant peut prendre différentes directions. Une seule me paraît bonne et conforme au plan divin qui est aussi le plan de la nature. Au lieu de la délier, il serait utile de resserrer la chaîne qui unit l'homme à la femme, non pas d'une façon sensuelle — à cela, la nature pourvoit, — mais intellectuelle et morale. Ils ont besoin l'un de l'autre, pour donner ce qu'ils ont de meilleur ; ils doivent être réciproquement l'un pour l'autre des chercheurs de sources.

*
* *

J'ai déjà parlé ailleurs des relations des pères et des filles, des mères et des fils, et j'ai indiqué leur importance pour la formation du caractère. L'influence qu'elles exercent est immense, et rien ne la remplace plus tard dans la vie.

L'intimité entre les mères et les fils a diminué par le fait de la tendance toujours croissante, chez les femmes, d'abandonner leur maison et de s'occuper de toilette et de plaisir. Cependant, on en voit des exemples. La bonté est ce qui touche le plus, dès leur bas âge, le cœur des hommes, pourvu que cette bonté ne soit pas de la faiblesse, car celle-ci n'atteint pas son but vis-à-vis de l'enfant et a des conséquences néfastes sur son caractère. Mais rien ne résiste à la bonté intelligente, à la douceur ferme, sauf les cœurs marqués d'avance pour le vice ou le crime. Quand une mère possède ces qualités, ses fils en gardent le souvenir et l'empreinte durant toutes les années de leur vie. Aussi la responsabilité des mères est-elle effrayante; elles préparent l'humanité future; et au lieu d'y penser elles s'occupent surtout de la forme de leurs chapeaux ! Pareille insouciance, pareil aveuglement prouvent à quel point nous sommes inconscients encore de nos responsabilités, et à quel point nous vivons à la surface des choses les plus graves.

On peut dire que, dans chaque homme, l'image de la mère (ou de celle qui l'a moralement remplacée) se reflète. Il n'y a presque pas d'exception à cet égard. A moins d'hérédités particulièrement fâcheuses, ceux qui ont manqué leur avenir le doivent en général à la déraison, à la futilité, à l'ignorance de leur mère. N'ayant pas compris le sens profond de notre passage en ce monde, elle n'a pu le leur enseigner; or, c'est par la femme surtout que l'homme reçoit les impressions qui concernent la vie intérieure. Avec son intuition plus fine, elle sait les faire pénétrer en lui. Qu'elle soit mère, tante, sœur, éducatrice, elle seule a de l'influence sur l'âme de l'enfant et de l'adolescent. Les hommes durs, brutaux, cyniques n'ont probablement vu autour d'eux, dans les premières années de leur existence, que des femmes ignorantes, futiles ou pires encore ; elles ne leur ont inspiré aucun respect. Comment de pareilles femmes pourraient-elles enseigner la douceur d'âme, le but de la vie, le secret du bonheur ?

L'image de la femme se ternit ainsi d'avance dans le cœur de quelques hommes, et plus tard ils se vengeront du crime, commis envers eux par une mère incapable ou inconsciente, sur toutes les femmes qu'ils rencontreront sur leur route. L'intimité morale entre la mère et le fils donne de si merveilleux résultats, et nous en voyons de si admirables exemples qu'elle devrait tenter toutes les femmes. Combien d'entre elles se plaignent du vide de leur existence ! « Rendez-vous capables d'être les amies de vos fils, cela remplira vos heures, » pourrait-on leur répondre. Recueillir et concentrer en elles-mêmes toutes les forces bonnes pour les répandre ensuite silencieusement sur leurs enfants, n'est-ce pas déjà une raison de vivre ? Dès l'enfance, il faudrait préparer les jeunes filles à ce côté de leur tâche future. Mais qui s'en occupe ? Quand certaines habitudes mentales sont prises, il est dur d'y renoncer, et l'on préfère suivre automatiquement la pente.

Jadis le sentiment tenait lieu, aux femmes, du développement intellectuel qui leur manquait, et par l'amour, seul, elles faisaient brèche dans le cœur de leurs fils. Mais, je le répète, l'affirmation de leur droit à la jouissance distrait aujourd'hui beaucoup de femmes des préoccupations affectueuses. Ayant perdu l'influence du cœur, leur prestige tend à s'effacer de ce côté-là, et les autres qualités leur manquent encore. Ce n'est pas seulement l'activité fiévreuse des journées actuelles, mais plutôt le tourbillon des pensées futiles qui fait perdre aux femmes leurs facultés intuitives et, par conséquent, leur ascendant. L'influence d'un être sur un autre s'exerçant surtout par l'esprit, il faudrait avoir le temps de penser pour que la pensée fût communicative.

Il y a, il est vrai, le travail mystérieux du subconscient, dont, après Leibnitz, parlent tant les modernes psychologues, mais peut-il rayonner sur les autres sans le concours du moi conscient? Si sainte Monique avait passé sa journée à faire des visites et à combiner la veille les essayages du lendemain, il est probable que saint Augustin ne se serait pas converti, et que l'Église compterait un Père de moins. Toutes les mères ne sont pas destinées à être des Sainte Monique ; elles doivent vivre selon leur temps et dans l'organisation sociale actuelle. On ne leur demande pas de former des *Doctores Serafici*, mais simplement de faire des hommes dans la noble acception du mot. Une influence puissante s'exerce toujours d'un sexe à l'autre. George Sand disait que, parfois les hommes les plus incapables d'avoir un ascendant quelconque sur les autres hommes en ont un sans bornes sur l'esprit des femmes. La proposition peut être renversée. Pour ce qui est des choses de l'âme, les femmes seules savent mener les hommes. C'est un grand rôle ; elles devraient s'y préparer, en devenant pour leurs fils d'intelligentes amies, assez intelligentes et intuitives pour les comprendre, les deviner et les aider silencieusement.

*
* *

Le nombre des mères capables de s'élever au-dessus des soins matériels étant encore relativement restreint, le jeune garçon peut trouver, près de lui, une autre amie, sans sortir de la famille. Cette amie est la sœur. Rien de plus salutaire et de plus charmant qu'une intimité de ce genre ! C'est le premier couple parfait dans la pureté absolue. Le développement de la culture chez la jeune fille augmentera le nombre de ces amitiés. Souvent les jeunes gens méprisaient leurs sœurs à cause de leur ignorance et de leur frivolité ; ils refusaient de les considérer comme des camarades. Ce prétexte disparaîtra lorsque tous feront les mêmes études, qu'ils auront les mêmes intérêts et pourront discuter ensemble les mêmes questions intellectuelles.

Le gain, en ce cas, sera réciproque. Les jeunes filles qui sont les amies de leurs frères, n'ont plus, dès aujourd'hui, la puérilité, l'hypocrisie et l'excessive vanité de celles qui vivent dans des milieux trop exclusivement féminins. Et cela pour deux raisons : d'abord, les frères ne les flattent point, les traitent en camarades, et, à l'occasion, se moquent d'elles salutairement. Ensuite, elles auraient honte de manifester devant eux certains préjugés, certaines aspirations sottes, de se permettre certaines grimaces. Elles sont, par conséquent, plus simples, plus décidées, leur esprit est plus ouvert ; elles auront moins de surprises et de déceptions dans la vie. Si je devais choisir une femme, je m'adresserais volontiers à une jeune fille qui a été l'amie de son frère ou de ses frères, elle n'aura pas les allures d'une fausse ingénue, ni d'une vierge à qui l'esprit sera venu trop tôt, elle ne pratiquera pas la coquetterie équivoque et ne verra pas, dans tout homme, un adorateur à encourager ou à éconduire ; elle sera un peu plus dans la vérité de la vie.

Le frère, de son côté, bénéficierait de ces contacts, qu'aucun attrait sensuel ne viendrait troubler, avec un esprit jeune et frais de l'autre sexe. C'est par des sœurs intelligentes et pures qu'il apprendrait à connaître les femmes. Souvent, entre lui et sa mère, la différence d'âge est trop grande ; d'une génération à l'autre, il existe des sauts brusques qui empêchent l'intimité parfaite, à moins que la mère ne soit douée d'une souplesse ou d'une intuitivité spéciale. Avec une sœur, on vibre plus facilement à l'unisson. Dans l'âme de tout homme qui a été l'ami de ses sœurs, on trouve, pour les femmes, un fond de respect et d'amitié qui manque au cœur de ceux qui n'ont pas connu ce genre d'intimité. Ils comprennent qu'il y a dans la femme autre chose que le simple art de plaire ou d'éveiller des désirs, et il leur arrive de penser, en rencontrant des jeunes filles dans le monde, qu'elles sont, peut-être, pour leurs frères, des camarades affectueuses, dignes, par conséquent, d'être respectées.

L'histoire et la littérature nous ont fourni quelques exemples d'amitiés fraternelles célèbres : la sœur de Charles-Quint, — qui l'appelait « Mon tout, après Dieu », — celle de François Ier, d'autres encore. Mais, en général, ce sentiment a été trop négligé; l'humanité pourrait en tirer un plus grand parti; c'est encore un champ en friche que l'éducation mixte (1) rendra fertile, en augmentant les contacts intellectuels entre les frères et les sœurs. Le poète italien, Giovanni Pascoli, a éprouvé ce sentiment dans sa plénitude, et il pourrait écrire, sur la douceur de l'amitié fraternelle, un volume de prose ou de vers qui ouvrirait bien des horizons. On dirait que c'est la part des poètes. Sans parler de Chateaubriand, François Coppée a connu, lui aussi, l'affection tendre et exclusive d'une sœur et

(1) Par école mixte, je n'entends pas pour les jeunes gens des repas, des récréations, des parties en commun, mais les cours, auxquels les élèves des deux sexes assisteraient dans la même salle. Les frères et les sœurs auraient ainsi un fonds d'études semblables qui les rapprocheraient.

l'on pourrait citer d'autres exemples encore.

La jeune fille, en quête d'une amitié sentimentale avec une compagne d'école ou de cours dont elle ne sait rien, et que, la plupart du temps, elle n'aime pas, trouverait à la maison, dans son frère, un camarade plus intéressant et plus sain. Cette intimité lui serait autrement profitable que celle de la jeune pimbêche, élevée au rôle de confidente, avec qui elle échange ces menus propos insignifiants qui marquent le cerveau des femmes d'une empreinte si puérile. Par crainte des moqueries, la sœur n'ose mettre le frère au courant de certaines pensées prétentieuses, tandis qu'avec ses compagnes elle se complaît dans d'inutiles répétitions, de conversations entendues à la dérobée, de romans vécus ou lus, dans des confidences dont son ignorance l'empêche souvent de comprendre l'absurdité.

L'on prétend, depuis des siècles, que l'esprit vient vite aux filles. La nature, sans doute, pourvoit au développement de cette science précoce, mais les amies y aident puissamment. Dans l'opérette jadis célèbre : *La fille de Madame Angot*, Clairette et Mademoiselle Lange évoquent leurs souvenirs et tout ce « qu'une fois les portes closes, il se disait de choses, dans cette pension-là ». Que n'a-t-on pas raconté sur les couvents et les pensionnats ? En effet, les agglomérations de jeunes filles sont, malgré la surveillance la plus rigoureuse, des écoles de corruption. Et point n'est besoin de vivre sous le même toit, le contact de l'externat suffit. Fatalement, celle qui sait initie celle qui ignore, et c'est une traînée de poudre. Il y a certainement entre jeunes filles des amitiés charmantes, et je ne voudrais en priver personne, mais il en est de si fades et pernicieuses, qu'on ne peut les absoudre et les protéger en bloc. Avec le développement de la culture féminine, les amitiés de pensionnaires prendront et ont déjà pris une autre allure, mais elles sont encore périlleuses, le premier instinct des jeunes filles étant de communiquer aux autres tout ce que leur curiosité en éveil a pu découvrir.

Je ne crois nullement que, dans l'état social actuel, l'ignorance soit utile ou représente un bon préservatif. Pour douloureux que cela puisse être, il faut, je crois, initier les jeunes filles aux réalités de l'existence. Mais il y a un abîme entre la simple connaissance des mystères de la vie et l'instruction à la fois incomplète et dépravée que les compagnes de pension se donnent parfois sur certains côtés de l'amour et sur le dessous des scandales mondains. Cette dernière forme d'initiation me paraît la plus dangereuse, bien qu'elle ait été jusqu'ici préférée, les parents trouvant plus commode d'abandonner au hasard la grave révélation.

L'intimité fraternelle empêchera les initiations trop précoces, les frères étant, d'ordinaire, assez jaloux de l'innocence de leurs sœurs ! Pour leur part, les jeunes gens ont énormément à gagner, eux aussi, à ces contacts avec de jeunes et pures intelligences féminines. Après les rapports quotidiens avec des camarades parfois grossiers et souvent vulgaires, l'amitié d'une sœur s'exercera rafraîchissante. La nécessité d'éviter, avec elle, les termes brutaux, et d'apprendre à présenter sa pensée d'une façon digne et convenable sera un excellent exercice intellectuel et moral. Ainsi le jeune homme perdra moins de vue le côté répréhensible de certaines choses, — ce qui lui arrive facilement, s'il n'est forcé à aucune retenue de langage, — et il sentira constamment la responsabilité de ses paroles et de ses pensées. Or, c'est le fait de l'oublier qui dévoie les consciences.

L'attraction d'un sexe sur l'autre n'est pas

seulement physique, elle est sensible aussi sur le cerveau et sur l'âme. Lorsque ses sentiments affectifs seront satisfaits par une douce intimité fraternelle, le jeune homme courra peut-être avec moins de hâte vers l'amour. En tout cas, il livrera moins facilement à la première venue les secrets de sa vie intérieure et se gardera mieux pour sa compagne future. Les jeunes gens qui connaissent et goûtent les intimités féminines de la famille sont, en effet, ceux dont la jeunesse se conserve plus digne et plus intacte. Jusqu'ici, l'occasion de ces rapports étroits se présentait rarement : les études communes les rendront plus faciles. Ceux qui sauront en profiter apprendront à connaître des relations très douces et se prépareront, en outre, pour tout le cours de leur vie un abri sûr où se réfugier les jours d'orage.

*
* *

Une autre amitié également douce, également préservatrice et également utile attend l'homme vers le déclin de la vie, mais il faut qu'il la désire et la prépare. Le père qui ne se sera pas soucié du développement de la psyché de ses enfants pourra difficilement devenir l'ami de ses filles. Ce genre d'amitié demande de part et d'autre, sinon une véritable supériorité, du moins un certain développement d'esprit. Si le père est médiocre, l'âme de la fille ne se tournera pas vers lui ; de même pour celle du père, si la fille est sotte ! Attiré par sa beauté, sa fraîcheur, la gentillesse de ses façons, il pourra la rechercher un instant, s'en parer durant quelques promenades, mais l'intimité ne durera pas, ne se développera pas... Son essence est spéciale ; généralement elle prend naissance dans l'imagination de la fille, séduite par la force, le calme, la logique de l'homme. Surtout si la mère est agitée, nerveuse, puérile, la psyché de l'enfant la poussera vers le père. Elle sent d'instinct que de sa bouche vont sortir les paroles raisonnables dont l'âme enfantine, affamée de logique, a un si ardent besoin. Les pensées déraisonnables et les faux points de vue qui obscurcissent la mentalité de la jeunesse et la jettent dans le doute et dans l'effroi sont souvent la réaction de ce besoin non satisfait.

Le désir des forces calmes qu'elle ne trouve pas en elle-même, ni chez les femmes de son entourage, est l'un des plus forts sentiments qui entraîne vers son père l'enfant intelligente. Mais la plupart des hommes, absorbés par le tourbillon des affaires, ne s'aperçoivent pas de cette attirance qu'ils exercent, ou ne lui prêtent qu'une attention distraite. Quelques caresses, et c'est tout ! Peu à peu, la petite ou la grande fille, ne se voyant ni comprise ni devinée, se replie sur elle-même, non parce que le père perd son prestige, mais simplement parce que la distance entre eux est trop grande ; avec sa fine intuition féminine, l'enfant comprend que, pour la franchir, il faudrait des efforts patients dont elle ne se sent pas capable. Et ainsi meurt, avant de naître, une des plus douces intimités que le sort puisse offrir. Parfois, plus tard, le hasard devient favorable à la fille : une circonstance fortuite la met en contact avec la mentalité paternelle, mais souvent il est trop tard ; les habitudes prises les entraînent chacun d'un côté opposé ; leurs pensées ne peuvent se confondre. Le père ne parvient plus à modeler et à élever l'esprit de la fille, dont il a négligé la formation intellectuelle et morale. Il se trouve en face d'une inconnue ! C'est dès l'enfance que ce travail devrait commencer.

Les exemples d'affections de ce genre sont nombreux dans la littérature et dans l'histoire : Antigone, Cordélia, les filles de Milton, et dans les vies plus humbles, que de cas semblables à ceux-ci ! Mais il s'agit là, surtout, du dévouement filial, consolateur des suprêmes infortunes, et où la pitié joue le rôle principal. C'est le père, privé de sa force, s'appuyant sur sa fille, soutenu par sa fille. L'intimité que je voudrais voir plus fréquente serait celle du père guidant, intellectuellement, la fille chez qui il trouverait, en échange, des sources d'eaux fraîches et purificatrices.

A une époque où les mœurs, certes, n'étaient pas rigides ni les sentiments raffinés et doux, un homme sentit si vivement la tendresse paternelle que rien n'égala jamais, en ce genre, les accents avec lesquels il l'exprima. Je veux parler de Cicéron. « Je retrouve en elle, disait-il à propos de Tullia, mes traits, ma parole, mon âme. » Il l'avait élevée à sa façon, écrit M. Gaston Boissier, l'initiant à ses études et lui communiquant le goût des choses de l'esprit. Quand elle mourut, la douleur de Cicéron fut immense : « Ma fille au moins me restait : j'avais où me retirer et me reposer. Le charme de son entretien me faisait oublier tous mes soucis et tous mes chagrins ; mais l'affreuse blessure que j'ai reçue en la perdant, a rouvert toutes celles que je croyais fermées. »

J'avais où me retirer et me reposer, ces mots disent tout. C'est ce que les hommes devraient rechercher, ce que l'affection d'une fille, — si on l'a formée à son image, — peut donner. Elle donne peut-être davantage encore, car qui peut mesurer l'influence d'un semblable amour sur la mentalité d'un homme et sur sa façon de comprendre la vie ? Parmi les Romains de son temps, Cicéron a été, certes, malgré sa déplorable faiblesse morale, l'un des plus purs, des plus humains, des plus honnêtes. Savons-nous de combien d'erreurs et de faiblesses sa tendresse pour Tullia l'a sauvé ?

Nous connaissons la vie du grand orateur, mais dans combien d'existences plus obscures le même phénomène s'est-il reproduit ?. Combien de pères ont été délivrés des mauvaises fièvres, maintenus à une certaine hauteur morale par la fille intelligente qu'ils avaient élevée jusqu'à eux !

> C'est pour toi seul qu'il est besoin
> Dorénavant d'être sévère...
> Tu dois respecter ce témoin
> Pour que ce témoin te révère.

> Veille donc attentivement
> A ce qu'au fond de ta pensée
> Rien ne passe, ne fût-ce un moment,
> Dont sa candeur soit offensée (1).

Malheureusement ces cas sont trop rares et le deviennent chaque jour davantage. Dans les familles, chacun fait sa vie à soi et, certes, l'indépendance est une excellente chose, mais il ne faut pas qu'elle empiète sur les affections et les stérilise, elle doit seulement y ajouter le sentiment de liberté qui les ennoblit. L'amitié entre père et fille est l'une des manifestations les plus élevées de la tendresse humaine et je voudrais y convier tous les cœurs capables de la sentir et de la pratiquer.

*
* *

Lorsque l'homme n'aura pas trouvé, autour de lui, dans sa famille, un cœur de femme où reposer le sien et verser les pensées que les camarades, jeunes ou vieux, ne méritent pas d'entendre, il cherchera ailleurs cet abri, et naturellement, à n'importe quel

---

(1) Louis Legendre.

âge de la vie, il s'imaginera le trouver dans l'amour. En effet, s'il choisit bien, c'est dans ce sentiment qu'il atteindra la plénitude de la joie et de la confiance. L'amie qu'on aime d'amour représente l'idéal des intimités humaines, mais il est assez rare de pouvoir mêler l'amitié à la passion, parce que ce dernier sentiment, par sa violence même, obscurcit le discernement, et que l'on aime souvent une personne tout à fait différente de celle que notre goût et notre raison auraient choisie. En outre, l'amour est sujet à de brusques sautes, et naissant de rien, il meurt de tout ! Nous le voulons éternel dans les heures d'exaltation, et, de par son essence même, — sauf pour quelques êtres au cœur élevé, — il est passager, à moins qu'on ne l'emprisonne dans le mariage. Dans ce cas, les intérêts et les devoirs communs maintiennent l'intimité, quand l'amour a déjà pris son vol ou s'est piteusement abattu sur le sol. Mais ces devoirs et ces intérêts communs ne représentent pas l'amitié, dans le sens élevé du mot. Elle s'y joint quelquefois, mais pas toujours. La question de l'amitié dans le mariage est d'ailleurs si complexe qu'elle demanderait une étude à part ; revenons aux amitiés de choix que l'homme peut conclure en dehors de la famille et des liens conjugaux.

Il y a les amitiés amoureuses, et ce sont les plus charmantes et les plus solides, quand c'est l'amitié qui prend finalement le dessus. On a passé par l'épreuve du feu, et l'on ne craint plus rien ; on a cependant aperçu les portes d'or, et un attendrissement se mêle à la confiance, à l'estime et à la sympathie intellectuelles, bases de tout attachement sérieux. L'impression qu'on aurait pu s'aimer autrement met une poésie aux choses, et la camaraderie devient plus douce, plus respectueuse même... L'homme qui est l'ami d'une femme, pour laquelle il a ressenti des velléités de tendresse, a gagné un des gros lots de la vie sentimentale.

Mais alors, dira-t-on, il n'y aurait pas de meilleures amies que les femmes qu'on a cessé d'aimer. Avec elles, les souvenirs seraient plus puissants encore. Ils sont trop puissants, justement ; ils créent une situation délicate qui circonscrit la confiance et empêche les confidences... La passion, gardons-nous de l'oublier, ne s'éteint pas à la même minute chez les êtres qui se sont aimés. Un des cœurs reste douloureusement meurtri par la séparation ;

souvent des regrets le rongent, sous la résignation apparente ; la dignité fait taire les plaintes, et par élégance morale, le visage reste souriant, l'accueil amical, mais quelque chose crie en dedans.

Cela arrive aux femmes, et aux hommes aussi. J'en ai connu un qui, des années après la rupture, disait encore en montrant son cœur : « Cela me fait toujours mal là ! » Et c'était un homme de peu de paroles, dur et froid d'apparence, qui détestait la sentimentalité fade, sous toutes ses formes. D'autre part, le premier qui s'est détaché a plus ou moins l'intuition de l'état d'âme de l'autre, et cela le gêne dans ses épanchements. L'amitié des anciens amants et des anciens fiancés est donc plutôt une sorte d'attachement fait de souvenirs réciproques, qu'une affection active et consolante. Celles-ci doivent être cherchées ailleurs, dans les affinités morales et intellectuelles que nos cœurs et nos intelligences sentent parfois avec force.

Évidemment l'amitié entre personnes d'un sexe différent demande une certaine élévation d'esprit, et ce qu'on pourrait appeler des facultés réceptives. Les femmes, auxquelles ces facultés manquent, auront rarement des amis masculins, car elles ne leur offrent pas ce qu'ils cherchent, une âme où déposer leurs pensées et développer leurs aspirations. Les hommes ambitieux, mais assez intelligents pour douter d'eux-mêmes parfois, éprouvent presque tous le besoin d'une amitié féminine qui les encourage et les soutienne. Sentir qu'une femme croit en eux, les trouve dignes des premières places, de la célébrité, de la gloire, est, pour leur orgueil, un baume précieux. D'autres, les sentimentaux, recherchent aussi ce genre d'amitié ; ils veulent des confidentes, car en racontant leurs amours à une autre femme, ils les goûtent mieux ! Quelques-uns, plus raffinés, plus délicats, plus altruistes, s'intéressent à la femme, pour elle-même, et trouvent du plaisir à étudier sa psychologie : ce sont des amis dévoués et charmants. Cette façon de comprendre l'amitié indique qu'elle aurait pu facilement se changer en amour.

Chez la femme, le désir de l'amitié masculine (1) est presque toujours intellectuel ; jadis,

---

(1) Ce désir n'est pas senti par les Orientales : « Pauvres sœurs d'Europe, combien je vous plains de voir des hommes, toute la journée ! » disait à la princesse Murat une femme de harem. *Les Désenchantées*, de Loti, sont une exception.

un besoin instinctif de protection la lui faisait rechercher, mais ce besoin est bien moins puissant aujourd'hui. La vanité entre aussi, pour une part, dans ce sentiment, quand il s'agit d'hommes célèbres, mais sa véritable racine est cet instinct de soutenir et de consoler, qui est propre à toutes les femmes. Elles éprouvent une sorte d'orgueil à relever le courage abattu de l'homme, cet être orgueilleux qui se croit leur supérieur et qui pourtant, à certaines heures, se tourne humblement vers elles pour qu'elles essuient ses larmes et le consolent dans ses déboires.

J'ai connu des femmes, amies parfaites, désintéressées et tendres ; elles donnent bien davantage que l'homme, en ces sortes de contrats moraux, mais elles sont peut-être moins sincères que lui, elles ne se livrent pas autant ; elles ont des réserves où l'ami ne pénètre pas. C'est que jamais la femme n'a tout à fait confiance dans l'homme ; une longue suite de trahisons l'en empêche ! Sans en avoir conscience, elle sent en elle-même les torts dont les femmes ont été victimes, depuis que le monde existe, et dans l'homme elle voit l'oppresseur de l'espèce. Elle l'adorera, elle donnera pour lui sa vie, son honneur, mais elle n'aura jamais en lui une confiance complète ! L'homme, en général, ne s'aperçoit pas de cette méfiance, — il a si peu d'intuition, — et le plaisir que lui donne l'amitié de la femme n'en est nullement gâté. Elle, de son côté, trouve dans ces contacts, avec la mentalité masculine, un élargissement de la sienne, et arrive ainsi à une plus juste conception de la vie. Le gain est donc réciproque : la femme adoucit et raffine l'âme de l'homme; lui, de son côté, donne la force, la raison, la logique.

Les nuances de ce sentiment, l'un des meilleurs et des plus élevés que l'humanité connaisse, sont infinies; elles échappent à l'analyse, et l'on ne peut les ranger par catégories. L'amitié naît des circonstances à travers lesquelles nous évoluons et des rencontres fortuites. Le hasard, quand il a quelque chose en vue, met sur notre route l'ami ou l'amie qui doivent nous aider à l'accomplir. Que certaines amitiés soient réellement les instruments de la Providence, nous nous en rendons compte; souvent, il est vrai, la signification de certains contacts reste mystérieuse, mais elle n'en existe pas moins; seulement nos yeux de demi-aveugles ne la perçoivent pas.

J'ai dit ailleurs (1) combien ces amitiés mixtes étaient précieuses, et combien elles pourraient servir à un rapprochement de l'homme et de la femme, sur un plan plus élevé que celui où ils ont évolué jusqu'ici. Ils ne doivent pas se considérer uniquement sous l'aspect du possesseur et de la possédée, mais plutôt comme deux êtres auxquels Dieu a confié, il est vrai, la continuation de l'espèce, mais à qui il a donné deux âmes immortelles, destinées à s'aider réciproquement, pour mieux comprendre le sens profond de leur passage sur cette terre. Ainsi durent s'aimer Michel Ange et Vittoria Colonna. Il faut évidemment un peu de courage pour braver les calomnies du monde. Saint Jérôme qui s'était retiré à Ostie pour fuir les méchants propos de Rome, au sujet de ses amitiés féminines, écrivait à un ami : « Salue Paule et Eustochie ; que le monde le veuille ou non, elles sont miennes en Christ. »

Un monde nouveau se prépare, une révolution morale est en train de s'accomplir ; l'homme et la femme traversent une crise qui ira s'accentuant, si celui qui a été jusqu'ici le

(1) Voir *Faiseurs de peines et Faiseurs de joies*.

maître de la situation ne comprend pas que pour garder son prestige, il doit se montrer généreux. Si les hommes devenaient les amis de leurs mères, de leurs sœurs, de leurs filles, ils se résigneraient de meilleure grâce au changement inévitable, et ils parviendraient en même temps à maintenir leur autorité sous une autre forme, forme plus juste, plus moderne et plus respectueuse de l'âme humaine.

CHAPITRE X

L'APPEL

> As the essence of courage is to stake one's life on a possibility, so the essence of faith is to believe that the possibility exist.
> WILLIAM SALTER.

Dans certaines campagnes de France, lorsque la sécheresse dure de façon exceptionnelle, on a coutume de dire : « Il ne pleut pas, parce que l'appel manque ! » Ces mots signifient que la terre, trop aride, ne renferme plus l'humidité indispensable pour attirer celle de l'atmosphère et la faire se condenser en eau. En effet, jour après jour, l'on voit le ciel se couvrir de nuages qui se dissipent avant de s'être répandus en ondée bienfaisante. Cette attente, toujours déçue, dure des semaines et même des mois, jusqu'à ce qu'une tempête impétueuse, venue souvent de très loin, force les cataractes du ciel à s'ouvrir. Le phénomène ne peut s'expliquer, scientifiquement, d'une façon aussi simpliste, mais n'y a-t-il pas un fond de vérité dans la tradition populaire ? Ne voyons-nous pas le même phénomène se produire dans le monde moral et intellectuel ? Quand un état de sécheresse se prolonge dans l'âme, c'est sans doute l'appel qui manque ; rien, au dedans de nous, n'attire les forces bienfaisantes et fécondes.

Une bonne partie des faits moraux, qui nous étonnent, nous déconcertent et nous troublent, pourraient s'éclaircir de cette façon ; et l'explication une fois admise, je crois que nos points de vue, nos jugements et nos perspectives se modifieraient singulièrement. Tout s'élargirait devant nous, nos horizons deviendraient sans limites, et l'ennui, le terrible ennui, serait banni de la vie, puisque tous, dans la mesure de nos forces, nous pourrions devenir une usine en mouvement, capable de renouveler et de varier indéfiniment sa production et ses résultats.

Lorsqu'Adam et Ève, dans le jardin d'Éden, touchèrent à l'arbre défendu, ils ne durent pas mordre très avant au fruit de la connaissance du bien et du mal, car aujourd'hui encore, après tant de civilisations disparues et de siècles écoulés, l'homme est à peine arrivé au seuil des vérités profondes qu'il commence vaguement à entrevoir. L'une d'elles est probablement cette force mystérieuse dont nous disposons, sans l'employer, du moins de façon consciente, et que les paysans, désespérés des longues sécheresses, nomment l'appel.

*
* *

Le récit de la Genèse nous ayant montré l'Éternel courroucé et presque inquiet de la désobéissance d'Adam, les esprits timorés estiment dangereux tout ce qui pourrait révéler à l'homme les pouvoirs qu'il détient en lui-même. Des craintes analogues épouvantaient les païens : le sort de Prométhée et d'Icare leur avait donné une tragique leçon. Vouloir ravir le feu du ciel, c'est-à-dire évoluer trop rapidement, était une offense aux dieux. Nous devions rester sur le plan où ils nous avaient placés, sans essayer de développer les forces secrètes que parfois nous sentions en nous. Cette crainte, qui avait sa racine dans la peur des contacts démoniaques, — hantise des imaginations du Moyen Age, — et des pratiques de la magie, qui avait mauvaise réputation et sentait le soufre, semble puérile aujourd'hui, et contraire au sentiment religieux moderne qui pousse l'homme à atteindre, par le désir, le Dieu qu'il adore.

Ce besoin d'union et d'harmonie avec les forces divines est le secret de tout progrès et de tout perfectionnement, il n'y en a pas d'autre, et il est conforme aux enseignements des Évangiles. Les promesses faites à l'homme dépassent tout ce que l'imagination humaine peut concevoir. Par la foi, tous les pouvoirs lui sont accordés, parce que, par la foi, les forces divines agissent en lui. L'homme a tellement douté de lui-même, et hélas ! souvent avec raison, qu'il s'est habitué à considérer ces promesses comme réservées exclusivement aux êtres exceptionnels, aux grands initiés, aux apôtres. En cela, il se trompe, les promesses sont claires et s'adressent à toutes les âmes chez lesquelles le miracle de la foi s'est accompli.

Si nous acceptons, au contraire, l'explication d'après laquelle nous possédons ces forces par l'effet d'une grande loi universelle que Jésus est venu révéler aux hommes, notre devoir est de nous conformer à cette loi, et d'essayer avec notre *ego* supérieur de progresser vers Dieu. Évidemment, tous les êtres n'occupent pas le même degré dans l'échelle des valeurs; quelles que soient nos croyances, il est impossible de le nier, et les simples évolutionnistes l'admettent, eux aussi.

Sans rechercher les causes de ces diversités de niveau, il est certain que les âmes et les esprits des hommes se trouvent à des distances considérables. En le constatant on serait tenté d'admettre la théorie de plusieurs existences successives dans le corps physique, c'est-à-dire sur notre planète. Mais qu'ils aient ou non le souvenir de vies antérieures, il est hors de doute que l'on trouve, chez quelques individus, des indices de besoins spirituels ou psychiques très supérieurs à ceux qui tourmentent le reste des hommes.

Ces besoins ne sont pas toujours le résultat héréditaire d'une longue suite d'ancêtres cultivés, car souvent l'âme de leurs descendants est muette, engourdie dans le bien-être matériel trop raffiné ou stérilisée par une cérébralité trop accentuée. Au contraire, ces besoins se rencontrent parfois là où l'on s'y attendait le moins! Un mot, un regard, une simple expression de visage révèlent tout à coup des aspirations vers le divin, indiquent des sources profondes de vie intérieure. Dans ces êtres-là, des puissances sont en activité ou commencent à sortir du sommeil où nous les avions laissées. On dirait des oiseaux qui battent des ailes, joyeusement ou éperdument, contre les barreaux de leur cage ; on peut les aider, mais on n'a pas besoin de les convaincre, les voix secrètes de l'âme les ont déjà avertis, leurs yeux perçoivent les horizons lumineux à travers les lourds nuages qui les cachent encore. Ce sont les riches, les élus, ceux que l'hôte mystérieux visite souvent, ou qui, du moins, sont au seuil de ces richesses, de cette élection, de ces visites...

Dans d'autres cas, on a beau frapper aux portes des âmes, rien ne répond ; les coups redoublés du marteau d'airain ne produisent aucune vibration. Toute la vie est à l'extérieur : au-dedans, il n'y a que le vide. Je ne parle point ici des hommes et des femmes qui vivent uniquement pour la jouissance ou l'ambition vulgaire, mais d'une élite intellectuelle qui connaît déjà la pitié, prend une large part à la vie sociale et dont la moralité, dans le sens courant du mot, est reconnue. Leur esprit est comme prisonnier du visible et du tangible, ils ne peuvent les dépasser. Ils croient au pouvoir de la volonté se manifestant par des efforts d'activité et d'intelligence, et admettent peut-être même les effets de la prière, comme une grâce accordée à ceux qui pratiquent les bonnes œuvres. Il est inutile de leur dire qu'ils possèdent une faculté, qui a le don d'appeler les forces bienfaisantes, et que, n'en usant pas, ils renoncent à la joie, au pouvoir, à tous les dons qu'ils pourraient répandre autour d'eux. Un sourire de sagesse sceptique serait leur seule réponse. Ils sont plus fermés à la connaissance des choses intérieures que ne le sont souvent les plus scandaleux pécheurs. Ce n'est point pour eux que ce chapitre est écrit. Leur heure n'est pas venue encore. Viendra-t-elle sur cette terre ? Devront-ils renaître une fois encore, ou sera-ce dans d'autres mondes que la révélation se fera pour eux ? Ils le sauront, mais nous l'ignorerons probablement toujours.

*
* *

La possibilité de l'appel efficace n'est pas, comme nous l'avons vu, accessible à tous. Par une loi générale, ses effets bienfaisants ne peuvent se réaliser que dans certaines conditions d'âme. Quand elles manquent, rien ne répond, et c'est absolument logique. L'illogisme apparent commence lorsque les conditions mentales et morales existent et qu'aucun résultat ne s'obtient. Les causes de ce phénomène négatif peuvent se ramener à deux principales : l'ignorance et l'égoïsme.

Que de fois, en effet, malgré nos velléités de vie intérieure et nos essais en ce sens, nous ne nous rendons pas compte de ce qui s'agite au dedans de nous ! Les eaux bouillonnent sur place, mais elles ne se canalisent pas et ne peuvent féconder le sol. On est agité de douloureux désirs, et la déprimante sensation des forces inemployées alourdit le cœur. Si nous savions, toutes les heures du jour ne suffiraient pas à l'incessante activité morale que nous pourrions déployer ! Que d'angoisses intérieures seraient apaisées par le sentiment de ne pas rester inertes, d'être capables d'agir pour nous et pour les autres, sans nous agiter, sans perdre le calme et l'équilibre... Seulement il faut savoir pour cela, et vouloir ou, pour mieux dire, apprendre à vouloir !

Combien de livres ont été écrits sur l'éducation de la volonté ! On ne saurait assez les lire et les relire. Sans elle, il n'y a pas de beauté dans la vie, car nous ne pouvons nous intéresser qu'aux êtres capables de vouloir quelque chose et de le vouloir avec suite. Non que la volonté suffise pour l'appel ; on peut avoir une volonté de fer et ignorer la force de l'appel, mais sans elle, nous ne pouvons exercer ce pouvoir. L'une des premières choses indispensables à tout homme qui veut exercer les forces qu'il sait posséder est donc la volonté. Sans elle, pas de concentration intérieure possible, et sans concentration, pas de résultats intérieurs ou extérieurs.

Or rien n'est plus difficile à l'âme humaine que de se fixer longuement sur une idée ou sur un sentiment. Sauf certains esprits éminemment spéculatifs, notre légèreté nous distrait, empêche la persévérance mentale. Les femmes surtout sont rebelles à cette tension. Leur instinct les pousse à ne pas se fixer, à ouvrir curieusement plusieurs livres en même temps, sans aller jusqu'au bout de leur lecture ; en amour aussi elles pensent à mille choses à la fois et ont des distractions continuelles, même si elles sont incapables d'une infidélité ou d'une velléité d'inconstance.

Pour elles, par conséquent, la concentration féconde est plus difficile, mais elles ont, comme compensation, l'intuition rapide, et

arrivent d'un bond, là où l'esprit spéculatif de
l'homme ne parvient qu'au prix de pénibles
efforts. Sans avoir besoin de s'appuyer sur
des connaissances extérieures acquises ou des
données hypothétiques, elles atteignent, grâce
à leurs facultés intuitives, des sommets qui,
sans ces facultés, leur seraient toujours demeurés inaccessibles. Je crois donc que les femmes,
malgré leur mentalité volage, peuvent mettre
en action les forces de l'appel bien mieux que
les hommes. Le sentiment religieux leur est
plus familier, pour mille et une causes. Elles
le sentent avec intimité, tous les jours de leur
vie, tandis que les hommes le réservent pour
les grandes occasions solennelles, les tragédies
du cœur et de l'âme. Or, le sentiment religieux
ou, pour mieux dire, l'habitude de la prière et
des communications avec le divin facilite ces
élans, qui forcent, pour ainsi dire, les réponses
de Dieu. « Si l'on fermait les églises, où donc
iraient pleurer les femmes? » disait Maupassant, qui ne peut, certes, être accusé
d'avoir donné une importance extrême à la
vie religieuse.

En effet, chez la femme, à quelque degré
de moralité qu'elle soit arrivée, le besoin
de recourir à l'au-delà se manifeste. Des

protestations se font entendre : « C'était une indigne faiblesse que nous avons vaincue. Aujourd'hui notre esprit est libre, il repousse les fables, il a rompu toute complicité avec les fausses espérances. » Ces voix triomphantes et dures éclatent comme des fanfares, et les visages de ces femmes qui renient toutes les traditions qui ont consolé le lit de mort de leur mère et protégé leur berceau, ont une expression de farouche orgueil; ils rient, et les bouches s'élargissent dans un sourire victorieux. Mais puisqu'elles sont si certaines de l'affranchissement, pourquoi leurs yeux sont-ils si tristes ? Dans le fond de leurs prunelles, quelque chose pleure. Tandis qu'elles proclament leur droit à la joie, l'angoisse du reniement passe sur leurs âmes, et elles pressentent peut-être que le joug nouveau, dont elles se sont si allégrement chargées, pèsera sur elles plus lourdement que l'ancien.

Pour que ces consciences soient ramenées à l'unité finale, il est peut-être nécessaire qu'elles traversent la période du reniement, mais il est certain que si elles ont réellement étouffé en leur cœur toute aspiration vers le monde invisible, il leur sera impossible de recourir efficacement à lui. Les merveilleux résultats de l'appel n'appartiennent qu'à ceux, hommes ou femmes, qui tendent de tout leur être à l'harmonieuse union avec les forces divines. Ils appellent, et on leur répond.

Avoir l'intuition, même vague, de l'existence de cette loi, et ne pas tout tenter pour la connaître, ou la connaître et ne pas en profiter, est-ce, de la part de l'homme, démence ou idiotisme ? L'un et l'autre, sans doute, mais le principal facteur de cet aveuglement absurde est que nos âmes sont trop superficielles pour pouvoir supporter le sublime.

L'appel n'est pas précisément la prière, — il me semble que la prière est davantage un acte d'adoration, d'humilité, de reconnaissance... L'appel est comme une force d'attraction qui sort de nous et attire d'autres forces qui se répandent en ondée bienfaisante sur nos âmes et nos vies. Nous pouvons appeler à nous les grâces spirituelles, la richesse matérielle, la puissance intellectuelle et morale, et il est probable que toutes ces choses deviendront nôtres, pourvu qu'en les réclamant, notre intention ne soit pas égoïste. Le *personnalisme* arrête net le miracle. Je suis tellement persuadée de la vérité de ce dernier fait, que rien ne m'attriste comme d'entendre les gens dire que par certaines actions ils se préparent des mérites. Une pareille pensée doit détruire l'efficacité des plus grands dévouements.

※

En restant uniquement dans le domaine terrestre, — sur le plan physique, comme diraient les théosophes, — la même loi trouve son application dans les rapports des hommes entre eux. L'appel y est également efficace. Nous pouvons parler silencieusement au cœur des autres et leur demander ce que nous voulons d'eux. Or, le faisons-nous? Je ne veux pas tomber dans le système de la *New Thought* américaine, qui, malgré certaines conceptions vraies et nobles, matérialise un peu, il me semble, les résultats de la pensée. Mais il est certain que, dans nos rapports sociaux ou de sentiment, nous négligeons des forces immenses que nous avons à notre portée.

Quand nous voulons convaincre, nous nous servons beaucoup trop du raisonnement et de la parole; quand nous voulons toucher également, et si nous avons des reproches à adresser, nous employons le même système. C'est bon pour ceux qui ne savent pas. Ceux qui savent devraient comprendre que ce sont là de faibles moyens, comparés à ceux dont ils pourraient disposer. J'en suis intimement persuadée, par intuition et par expérience. Seulement, l'application de cette méthode exige des habitudes de concentration qu'il est difficile de maintenir, et des états de conscience qu'on ne peut atteindre constamment. Parfois on réussit à employer ces moyens, et on constate leur merveilleuse puissance; puis la paresse et l'esprit superficiel prennent le dessus, et nous recourons de nouveau aux systèmes insuffisants auxquels nous sommes habitués, par tradition, dès l'enfance.

Certes, la parole est la plus grande force de persuasion que Dieu ait donnée à l'homme. Nous avons vu l'éloquence entraîner des foules, nous avons entendu des voix insinuantes porter la conviction dans les cœurs, et des accents indignés faire trembler les consciences. Mais ces dons spéciaux sont le privilège d'un très petit nombre d'individus : les Cicérons et les Savonaroles sont rares ; les ensorceleurs et les ensorceleuses intelligents, capables de galvaniser ou de transformer les pensées de ceux à qui ils s'adressent, ne se trouvent pas non plus à chaque carrefour. Si eux seuls pouvaient exercer de l'influence, cela limiterait par trop le pouvoir réciproque des êtres, les uns sur les autres. Du reste, qui nous affirme qu'à la parole, ces grands preneurs d'âmes ne joignaient pas la concentration de la pensée, et la volonté d'agir par ce moyen aussi. Certes, quand Savonarole faisait tressaillir les consciences de la Florence élégante, corrompue et raffinée du quinzième siècle, et osait s'attaquer aux vices des Borgia, un élan de son être mettait probablement sa force en communication avec les forces divines, et celles-ci donnaient à sa voix l'irrésistible pouvoir qu'elle exerça sur l'âme italienne de son époque. Cicéron, lui, ne croyait pas aux dieux, mais c'était un intuitif, et, par ses sentiments de douceur et d'humanité, il appartenait d'avance à la société nouvelle que les paroles de Jésus, qui n'était pas né encore, allaient créer; il était donc en rapport avec les puissances invisibles qui détiennent les secrets de l'avenir. Mais abandonnons ces colosses de l'éloquence, et revenons à la vie d'aujourd'hui et aux hommes de moyenne grandeur.

Tous ceux qui réfléchissent et qui ont l'habitude d'écouter les voix intérieures, reconnaissent, dans l'âme, l'existence d'un travail auquel notre intelligence ne participe pas directement, mais dont il est impossible de nier l'existence. La psychologie scientifique lui donne différents noms et le divise en deux catégories : le subconscient fait de nos expériences, et le subconscient qui est une sorte de prescience de l'inconnu et de l'avenir. Cette théorie se rattache à celle de Leibnitz. Par elle, nous sommes reliés au mystère, et ceci prouve qu'il existe en nous des forces mystérieuses, supérieures à celles que notre raison peut déterminer. Dans toutes les routes suivies par l'intelligence humaine, le phénomène se manifeste. Mais il est frappant surtout chez les artistes et les écrivains. Qu'est, au fond, l'inspiration, sinon l'œuvre du subconscient ? Elle arrive soudainement, en coup de foudre, après de longs efforts qui n'avaient abouti qu'au découragement. Une idée nous hante, on voudrait l'exprimer, la développer, et le cerveau s'épuise en vaines recherches. Tout à coup, alors que parfois l'on n'y pensait plus, l'idée, semblable à un fleuve débordant, se déroule agrandie sous les yeux.

Que de fois l'écrivain, devant l'article à faire, s'arrête découragé ; il lui semble ne rien avoir à dire sur le sujet qu'il s'est engagé à traiter :

pas de pensées personnelles, pas de connaissances acquises ! Soudain, quelque chose se dégage dans son cerveau ; il n'avait pas d'idées, il en a trop maintenant ! On dirait un essaim d'oiseaux subitement éveillés qui se précipitent vers la sortie de la cage. Elles sont si nombreuses et si pressées que la plume n'est pas assez prompte pour les exprimer. D'où viennent-elles ? Que représentent-elles ? Expériences ou souvenirs endormis qui reviennent à la vie, mais aussi conceptions originales, visions nouvelles, pressentiments d'avenir. C'est un trésor où l'on peut puiser à pleines mains. Puis il se referme et, pendant longtemps, refuse de s'ouvrir, après nous avoir révélé son existence.

Si notre volonté se tendait, si notre pensée se concentrait dans un appel passionné, sans doute le trésor s'ouvrirait plus souvent. *Ce sont les violents qui ravissent le royaume des cieux.* Pendant trop longtemps, l'homme n'a pas compris le sens de cette parole, il doit aujourd'hui apprendre à l'épeler peu à peu. On arrive à la compréhension de la loi, par intuition; mais pour apprendre à exercer ses forces, un long apprentissage est nécessaire. Du moment qu'on a compris, on ne doit pas se laisser décourager, si les résultats ne sont pas immédiats ; ils viendront sûrement quand l'habitude de la communication constante avec les forces divines aura été prise.

Dans le domaine des affections, le miracle se produit également. Sans parler de l'amour,

Amor che a null'amato amar perdona

dans lequel la volonté d'attirer joue un si grand rôle, le phénomène se renouvelle dans tous les genres d'attachement. Une pensée bonne et affectueuse, adressée silencieusement à une âme, produit sur elle un effet certain ; chacun peut en faire l'expérience. Quand il s'agit d'une personne hostile, le résultat est plus marqué encore ; le regard dur s'adoucit, la bouche muette est comme forcée de prononcer des paroles amicales. Quelquefois même, la lutte se discerne entre la malveillance naturelle et l'attendrissement inattendu provoqué par la pensée tendre qui a soudain passé sur son cœur et dont elle est presque toujours inconsciente. Ceux qui savent, reconnaissent, en de pareils moments, que les forces bonnes s'exercent, et les ignorants eux-mêmes les sentent.

Si nous nous servions toujours de ce moyen,

je crois que la plupart des rancunes s'évanouiraient. Malheureusement, en cela comme en toutes choses, notre paresse, qui trouve son compte à rester à la surface, nous empêche d'exercer ce pouvoir bienfaisant. Évidemment, c'est une force qui sort de nous, et probablement la nature physique ou, pour mieux dire, l'instinct de la conservation interdit que la dépense soit trop forte et nous oblige à la ménager. Mais, en admettant même que ce travail d'âme soit parfois supérieur à nos énergies, il est certain que nous le négligeons de façon absurde ; l'homme jette sa santé, sans scrupule, risque sa vie gaîment dans les sports, et il est tellement ménager de ses capacités psychiques, qu'il perd volontairement le pouvoir que celles-ci, bien employées, lui promettent.

Sans vouloir trop matérialiser ce pouvoir, il est évident que des avantages d'ordre positif s'obtiennent aussi par l'appel. Seulement si nous les demandons dans un esprit d'égoïsme, ils sont un don fatal, et sonnent le glas de la mort et non la cloche de la vie.

Naturellement nous naviguons en plein mystère. Vouloir le nier serait puéril, et nous ne pouvons rien déterminer positivement dans cet ordre de pensées ou plutôt d'intuitions. Quelques grands initiés ont connu l'origine et le fonctionnement de ces forces ; nous ne pouvons que les deviner et nous incliner devant elles. « Heureux celui qui descend sous terre après avoir vu ces choses ; il connaît la fin de la vie, il connaît la loi divine, » disait Pindare. Dans l'antiquité déjà, il fallait plusieurs degrés pour arriver à la contemplation des saints mystères. Au temps d'Homère, être initié ou ne pas l'être mettait des distances énormes entre les hommes, et leur sort était considéré comme différent « jusque dans la mort ». La plupart des hommes, même les intuitifs, sont destinés probablement à rester toujours au seuil du mystère, mais de ce seuil déjà on aperçoit des perspectives éblouissantes.

*
* *

J'ai connu une femme dont tous les désirs se sont réalisés en ce monde, mais trop tard et lorsqu'elle n'y tenait plus ! « C'est pourquoi, disait-elle, je n'ai jamais pu saisir le bonheur; il s'est toujours présenté de façon inopportune ! Trop tard ! Ces deux mots, les plus tristes que la langue humaine connaisse, ont été répétés, depuis que le monde existe, par des milliers de bouches, et le seront toujours. Pourquoi ? Ces retards viennent-ils d'un appel trop faible ou est-ce plutôt que l'âme humaine ne sait pas vouloir fortement et longuement la même chose. Nous cessons trop vite de désirer, sans doute, parce que la légèreté est inhérente aux aspirations égoïstes.

D'ailleurs, il faut distinguer entre deux sortes d'appel : celui que nous adressons à la vie elle-même, et celui qui nous met en communication avec les forces divines. Le premier a son efficacité ; le désir tendu longuement et volontairement vers un but déterminé exerce un pouvoir indiscutable, car c'est la même loi qui entre en mouvement. L'appel est entendu. Mais le danger est immense ; les grands criminels, les exploiteurs, les ambitieux sans frein appartiennent à cette race d'hommes dont la volonté se fixe implacablement sur les points qu'ils veulent obtenir. Le jeune Auguste, alors qu'enfant encore, il parvenait à se faire adjuger la toute-puissance, avait dû lancer de furieux appels à la vie. Les conquérants et les politiques illustres, comme les femmes très aimées, emploient ce moyen, et, en général, la vie leur répond. Mais ces pouvoirs-là sont passagers et, sauf quelques cas rares, ils cessent de se manifester, longtemps avant que le corps ne meure.

L'appel adressé aux puissances invisibles, même s'il ne se rapporte pas uniquement aux dons spirituels, est d'une essence absolument différente, et ses effets sont immortels, car le contact avec le divin arrache forcément l'homme au *personnalisme*. Il essaie encore de le chérir, mais il en a honte. Bientôt le choix s'impose : ou renoncer à l'union avec les forces divines, ou cesser de se croire le centre de l'univers. Quelques-uns ne peuvent se décider, et ils finissent par tourner le dos aux cimes qu'ils avaient un instant espéré atteindre. D'autres, plus fidèles, tiennent le regard fixé sur elles, et si parfois l'amour de leur *petit moi* les ressaisit, cela ne dure pas, car immédiatement ils étouffent sous le fardeau dont le *personnalisme* écrase les cœurs, et ils retournent à la contemplation des sommets où brillent les neiges éternelles.

Je crois que nous approchons d'une époque (1), je l'ai déjà dit ailleurs, où l'homme qui parlera de lui-même, et essayera d'inté-

---

(1) Voir *Faiseurs de peines et Faiseurs de joies*.

resser l'univers à son cas personnel, à ses ambitieuses visées ou à ses déboires de vanité et même de cœur, sera considéré comme un médiocre personnage. On me répondra que jamais l'égoïsme n'a régné comme aujourd'hui, et c'est parfaitement juste ; on refuse de se dévouer pour les autres, de renoncer au plaisir, et chacun court éperdument après la jouissance ; pourtant l'individu tend à disparaître dans la collectivité. L'intérêt ne peut être suscité que par le bien général, et si l'on veut toucher les cœurs, il faut exposer une plaie sociale plutôt qu'un cas individuel.

C'est à la fois un bien et un mal, car les amitiés en souffrent ; la bonté se répand sous une forme plus générale : on négligera ses amis malades, mais on visitera les hôpitaux. Ne pourrait-on concilier les deux sentiments et ne pas priver les hommes de l'infinie douceur des attachements particuliers ? Sans eux, aujourd'hui que le refroidissement des croyances religieuses et politiques a déjà relâché tant de liens, l'homme se sentirait trop douloureusement seul. Lorsqu'il aura découvert en lui-même les sources profondes et appris à entrer en contact avec les forces divines, il souffrira, il est vrai, moins de la solitude, car des amis invisibles l'entoureront. Mais, ne l'oublions pas, tant que nous serons dans ce monde, nous aurons toujours le désir de la sympathie humaine, visible et tangible. L'appel adressé par le cœur de l'homme aux autres cœurs est donc légitime. Son désir de pouvoir et de richesse, dans un but altruiste, l'est également. Le besoin de répandre et de donner, qui brûle certaines âmes, a en soi quelque chose de divin.

En substance, le premier devoir de l'homme est de chercher en lui-même et chez les autres les sources cachées, car la découverte de ces sources lui permet de se mettre en contact avec les forces de la nature et les forces supérieures. Ensuite, quand il est devenu conscient de la grande loi de l'appel, sa volonté doit tendre sans cesse à se conformer à elle. Ainsi seulement il connaîtra la plénitude de la vie.

Tout résultat vient d'un effort, conscient ou inconscient, de la volonté humaine. La destinée n'est probablement que le mot impropre par lequel nous désignons les forces ignorées qui travaillent à notre insu dans notre être. Il est donc excessivement important de devenir conscient, pour les bien diriger. « Priez sans cesse, » disait saint Paul. C'est la seule sécurité pour l'homme, et, au fond, la prière n'est que la grande loi de l'appel.

La vie active et extérieure absorbe aujourd'hui trop exclusivement les vies. La perfection serait de savoir l'unir à celle de l'esprit. Saint Jérôme en indiquait la possibilité : « Les mains et les yeux sur son ouvrage, son cœur au ciel. » Un jeune aveugle, professeur de philosophie à Rome, me disait récemment : « J'ai cru longtemps que l'action pour le bien devait être l'unique mot d'ordre de l'époque actuelle, puis je suis tombé malade et j'ai été forcé à la méditation. Un jour, il m'a semblé qu'un flot de richesses spirituelles m'envahissait et une voix m'a parlé : « Comment, disait-elle, peux-tu « donner aux autres, si auparavant tu n'as pas « reçu toi-même ? » Après cette leçon, mes idées se modifièrent, et la méditation m'apparut comme la base même de l'action. » Il avait compris que tout se tenait dans l'univers, que nous sommes des instruments de transmission et que, si nous négligeons de nous abreuver aux sources, nous ne pourrons donner aux autres que des fruits verts ou desséchés, sans saveur et sans parfum.

Regarder en soi pour ouvrir les portes de son âme, puis lever les yeux vers les hauteurs et attendre l'inspiration et les dons promis, telle devrait être l'attitude constante de l'homme. Ce serait non seulement suivre la loi, mais se libérer ainsi de toutes les influences extérieures déprimantes et stérilisantes, et marcher plus joyeusement de l'avant. Rendre un peu de gaîté à l'homme, en lui donnant la conscience de son pouvoir, quel magnifique résultat ! On ne rit plus guère, de nos jours, malgré la course éperdue au plaisir. Quand j'étais jeune, — comme on n'est pas sans cesse accablé sous d'affreux malheurs, — on riait beaucoup, à tous les âges : surtout dans la jeunesse ! Dans la rue, dans le monde, à l'école, on voyait des visages épanouis. Aujourd'hui on n'entend presque jamais rire : tout au plus un léger sourire glisse-t-il sur les lèvres ou un ricanement de mauvais aloi. Difficultés économiques, dira-t-on, préoccupations sociales. Oui, sans doute, en certains cas, mais tant de gens sont à l'abri de ces soucis et ne sont pas plus gais pour cela ! Quant aux préoccupations sociales, la masse des hommes s'en moque et n'en rit pas davantage.

Les causes de ce manque de gaîté sont plus profondes, et je crois qu'il faut les chercher dans le vieux matérialisme qui domine la mentalité générale et qui a laissé la marque de ses griffes même dans le cœur des chrétiens et des spiritualistes. Or rien n'est aussi triste et déprimant que cette doctrine. Elle limite nos possibilités et nos espérances, elle nous emprisonne dans des bornes où nous étouffons sans nous en rendre compte. Les créatures humaines ont besoin d'air libre, d'horizons ouverts, de portes d'or entrevues dans le lointain. Rendez-les leur, et leur front s'éclaircira, et le rire reviendra s'épanouir sur leurs lèvres. *Ride se sapis.*

FIN

TABLE DES MATIÈRES

Chapitres	Pages
Préface	VI
I. — Chercheurs de sources.	1
II. — Les parents.	27
III. — Les éducateurs	52
IV. — Les rencontres.	73
V. — Coupeurs d'ailes.	100
VI. — Les fils de Narcisse.	120
VII. — Les femmes et la toilette.	141
VIII. — Les privilèges de la pauvreté	165
IX. — Les amies de l'homme.	195
X. — L'appel	228

LIBRAIRIE FISCHBACHER, 33, rue de Seine, PARIS

OUVRAGES DE DORA MELEGARI

Ames dormantes (*Ouvrage couronné par l'Académie française*). 6ᵉ édition, in-12	3 50
Faiseurs de peines et faiseurs de joies. 7ᵉ édition, in-12	3 50
Chercheurs de sources, in-12	3 50
La Jeune Italie et la Jeune Europe. *Lettres inédites de Joseph Mazzini à Louis-Amédée Melegari*, in-12	3 50

OUVRAGES DE CHARLES WAGNER

L'Ami. *Dialogues intérieurs.* 4ᵉ édition, in-12	3 50
Justice. *Huit discours.* 8ᵉ édition, in-12	3 50
Jeunesse (*Ouvrage couronné par l'Académie française*) 29ᵉ édition, in-12	3 50
Vaillance. 20ᵉ édition, in-12	3 50
La Vie simple. 12ᵉ édition, in-12	3 50
Auprès du Foyer. 6ᵉ édition, in-12	3 50
L'Evangile et la Vie. *Sermons.* 6ᵉ édition, in-12	3 50
Sois un homme ! *Simples causeries sur la conduite de la vie.* 3ᵉ édition, in-12, Broché, 1 fr. 25. Relié	2 »
L'Ame des Choses. 3ᵉ édition, in-12	3 50
Le long du chemin. 4ᵉ édition, in-12	3 50
Vers le cœur de l'Amérique. 3ᵉ édition, in-12	3 50
Pour les petits et les grands. *Causeries sur la vie et la manière de s'en servir.* 2ᵉ édition, in-12	3 50
Par la Loi vers la Liberté. 2ᵉ édition, in-12	2 »

Pages choisies et fragments inédits, de Félix Pécaut. *Philosophie et Religion ; Politique ; Education*, avec préface de Ferdinand Buisson, in-12	3 50
Sermons laïques, ou *Propos de morale et de philosophie*, par Paul Stapfer, in-12	3 50
Fragments d'un journal intime, par Henri-Frédéric Amiel, précédés d'une étude par Edmond Scherer. 10ᵉ édition. 2 volumes in-12	7 50
Le Bréviaire d'un Panthéiste et le Pessimisme héroïque, par Jean Lahor, 2ᵉ édition, in-18	3 »
La Plainte humaine, par Charles Dollfus, in-12	2 »
Les Problèmes, par Charles Dollfus, in-8	6 »
En nous et autour de nous. *Pensées*, par Roger Dombréa. in-24	3 50
Aux Croyants et aux Athées, par Wilfred Monod, in-12	3 50
Esquisse d'une philosophie de la Religion, *d'après la Psychologie et l'Histoire*, par Auguste Sabatier, 8ᵉ édition, in-8	7 50
Les Religions d'autorité et la Religion de l'esprit, par Auguste Sabatier, 4ᵉ édition, in-8	7 50
Ma Religion, par le comte Léon Tolstoï, in-8	6 »
Montaigne moraliste et pédagogue, par Mᵐᵉ Jules Favre, in-12	3 50
La morale de Cicéron, par Mᵐᵉ Jules Favre, in-12	4 »

2263. — Tours, Imprimerie E. Arrault et Cⁱᵉ.

www.ingramcontent.com/pod-product-compliance
Lightning Source LLC
Chambersburg PA
CBHW050316170426
43200CB00009BA/1347